CW01629694

Gallmeister

TOM ROBBINS est né en 1932 en Caroline du Nord. Il a passé son enfance à parcourir librement les montagnes de la région, au milieu des conteurs, des Gitans et des charmeurs de serpents. Autant de personnages qui nourriront son imagination d'écrivain. Après avoir passé cinq ans dans l'armée, en Corée, il a été démobilisé et a repris ses études, travaillant dans la peinture, la musique et l'art dramatique pour finalement devenir journaliste. Considéré comme l'un des pères de la culture pop et qualifié "d'auteur le plus dangereux du monde", il a écrit huit romans, tous des best-sellers traduits dans une quinzaine de pays, dont le célébrissime *Même les cow-girls ont du vague à l'âme*, porté à l'écran par Gus van Sant, et *Féroces infirmes retour des pays chauds*. Il vit près de Seattle.

B comme bière

L'ouvrage est assez enivrant pour donner envie de procréer avec l'unique but d'initier les marmots aux délices de l'alcool selon Tom Robbins.

LE CANARD ENCHAÎNÉ

Robbins a cette capacité de rendre le monde merveilleux. Il sait vous faire voir le bon côté des choses et vous faire tout à la fois rire et réfléchir.

THE SEATTLE TIMES

Tom Robbins a une vision des choses qui éblouit l'esprit. C'est un conteur de toute première catégorie.

THOMAS PYNCHON

Le monde fabuleux de la bière.

BOOKS

Une curiosité joyeuse et incorrecte, qui ravira autant les enfants que les parents.

L'EXPRESS

DU MÊME AUTEUR, CHEZ LE MÊME ÉDITEUR

Tarte aux pêches tibétaine, Gallmeister, 2018
Nature morte avec pivert, totem n°76
Jambes fluettes, etc., Gallmeister, 2014
Féroces infirmes retour des pays chauds, totem n°15
Un parfum de jitterbug, Gallmeister, 2011 ; totem n°50
Une bien étrange attraction, Gallmeister, 2010
Même les cow-girls ont du vague à l'âme, totem n°4
Comme la grenouille sur son nénuphar, Gallmeister, 2009 ; totem n°41

Tom Robbins

B COMME BIÈRE

la bière expliquée aux (grands) enfants

Roman

Traduit de l'américain
par François Happe

Gallmeister

TOTEM n°24

Ouvrage publié sous la direction de Philippe Beyvin

Titre original : *B Is for Beer*

Interior art Les LePere

ISBN 978-2-35178-656-7
ISSN 2105-4681

Illustration de couverture © Oli Winward
Conception graphique de la couverture : Valérie Renaud

Celui-ci est pour Blini

EXTRA KICK
DADDY
Daddy Beer
PRESENTS
DADDY TIME
FOOTBALL

1

Vous êtes-vous déjà demandé pourquoi votre papa aime tant la bière ? Vous êtes-vous demandé, le soir avant de vous endormir, pourquoi il est un peu "bizarre" après avoir bu de la bière ? Peut-être même vous êtes-vous aussi demandé d'où vient la bière, parce que vous vous doutez bien qu'elle ne sort pas du pis des vaches. Eh bien, Gracie Perkel se posait exactement les mêmes questions.

— Dis, maman, demanda Gracie un après-midi, c'est quoi ce truc que papa boit ?

— Tu veux dire le café, mon ange ?

— Non, pas le café. Beeerk ! Cet autre truc, c'est jaune et ça ressemble à du pipi.

— Gracie !

— Toi aussi, tu dis pipi.

— Eh bien, quand il est question d'aller au petit coin, oui, c'est possible. Mais je n'utilise pas ce mot pour parler d'une boisson.

Gracie fit entendre un petit gloussement. Sa mère, qui était occupée à mettre du linge dans la machine à laver, suggéra sans lever les yeux :

— Je crois que tu parles de la bière, ma chérie.

— Oh ! couina Gracie. C'est ça. De la *bière*. Ce truc qu'on voit toujours à la télé. (Elle essaya de prendre une voix grave.) Plus agréable au goût ! Moins lourde pour l'estomac ! Plus agréable au goût ! Moins lourde pour l'estomac ! (Elle fit entendre un autre petit gloussement.) Est-ce que c'est comme du Pepsi pour les vieux messieurs stupides ?

Mme Perkel sourit, mais ce sourire était si faible et si mou qu'un chaton aurait pu l'envoyer valser jusqu'à Milwaukee d'un seul coup de patte. Elle s'interrompit un instant pour regarder par la fenêtre de la buanderie. Les nuages eux-mêmes ressemblaient à un gros tas de linge sale. Ce qui n'avait rien d'extraordinaire parce que, voyez-vous, la famille Perkel vivait à Seattle.

Est-ce que vous vous y connaissez en bruine, cette pluie douce très fine qu'on pourrait prendre pour une méchante rougeole de sorcière ? Seattle est le quartier général de la bruine pour le monde entier et, en automne, celle-ci laisse une sorte d'éruption cutanée grisâtre et humide sur tout, comme si la ville était un bébé qu'on a oublié trop longtemps dans une couche mouillée et qu'on a ensuite roulé dans du papier journal. Quand en plus un vent cinglant souffle, comme c'était le cas ce jour-là, les habitants de Seattle ont l'impression d'être coincés dans un mauvais restaurant chinois ; un de ces endroits pleins de courants d'air et chichement éclairés où les serveurs sont bourrus, les nouilles détrempées, les murs un peu trop verts, et où, même s'il y a un mystérieux poème dans chaque fortune cookie, on est sûr de faire une tache de thé sur son sweater préféré. C'est ce sentiment-là que Mme Perkel devait éprouver, car elle poussa un soupir en direction des beignets de porc ramollis dans le ciel (ou était-ce des Pampers antifuites ?) avant de dire à Gracie :

— Si tu as des questions sur la bière, tu devrais aller les poser à ton père.

Gracie portait ses pantoufles Jeannot lapin moelleuses et duveteuses, n'empêche, c'est quand même sur la pointe des pieds qu'elle pénétra dans l'antre de son père. Celui-ci regardait un match de football sur leur nouvel écran plasma ; si l'université de l'État de Washington était encore en train de se faire battre, il allait être d'humeur grincheuse. Oh oh. Un gros mot. Washington était effectivement en train de perdre. Mais Gracie fut soulagée quand elle vit que l'Oncle Moe était venu regarder le match et, bien sûr, taper quelques bières à son père.

L'Oncle Moe ne prenait pas le sport très au sérieux. Il se qualifiait de philosophe, si vous savez ce que ça veut dire. Il avait obtenu des diplômes dans une dizaine de facultés, ne donnait pas souvent l'impression de travailler et avait roulé sa bosse pratiquement partout où on peut aller sans risquer de se faire couper la tête. Mme Perkel disait qu'il était complètement “maboul”, mais Gracie l'aimait bien. Il avait une tête qui faisait penser à un évier rempli de la vaisselle de la veille, et sa moustache ressemblait à un moineau mort, mais ça ne la dérangeait pas.

Timidement, Gracie tapota le coude de M. Perkel. D'une voix hésitante et couineuse, elle demanda :

— Dis, papa, je peux goûter un peu à ta bière, s'il te plaît ?

— Sûrement pas, grogna-t-il par-dessus son épaule. (Pour rien au monde il n'aurait quitté l'écran du regard.) La bière, c'est pour les grands.

Gracie se tourna vers l'Oncle Moe, qui lui sourit et lui fit signe de s'approcher, comme elle s'y attendait presque. L'Oncle Moe tendit sa canette – et, comme ça, tout simplement, dans le dos de son papa, Gracie Perkel prit sa première gorgée de bière.

— Beeerk ! (Elle fit la grimace.) C'est vraiment amer.

— C'est pour mieux étancher ta soif, mon enfant.

— Pourquoi c'est amer, Oncle Moe ?

— Eh bien, c'est fait avec du houblon.

Nouvelle grimace de Gracie.

— Tu veux dire cette plante avec des feuilles qui piquent et des boules rouges ? Il y en a aussi du blanc ?

— Mais non, mon p'tit bout d'chou, on ne fait pas la bière avec du houx blanc. Ni du houx blond, d'ailleurs. Le houblon est une plante qui pue et que même les végétaliens ne mangent pas. Les fermiers font sécher les fleurs de houblon. Je dois ajouter que seules les fleurs femelles servent à faire la bière, ce qui explique peut-être pourquoi les hommes aiment tant ça. C'est l'instinct de l'accouplement.

— Moe !

L'oncle ignora le père de Gracie.

— En tout cas, poursuivit-il, quand les brasseurs mélangent du houblon avec de la levure, des grains et de l'eau, et qu'ils laissent fermenter – ils la laissent pourrir –, cela donne par magie un élixir si pétillant de réjouissance sans prétention, si royal dans ses reflets d'or, si émoustillant de malice potentielle, et si triomphalement rafraîchissant qu'il s'empare de l'âme et la transporte vers ce plateau éthéré où, pour paraphraser Baudelaire, flottent et se confondent toutes les fantaisies de l'être humain.

— Arrête de lui raconter ces conneries, elle n'a que cinq ans.

— Bientôt six, intervint Gracie.

— En Italie et en France, un enfant de l'âge de Gracie pourrait entrer dans un établissement, commander une bière, et on le servirait.

— Ouais, eh bien ces gens sont dingues.

— Peut-être bien, mais il y a beaucoup moins de problèmes liés à l'alcool chez eux que dans notre Amérique si sûre et si raisonnable.

M. Perkel grommela vaguement quelque chose avant de concentrer son froncement de sourcils sur la nouvelle bourde de l'équipe de l'université de Washington. L'Oncle Moe sortit une autre bière de la glacière et la montra à Gracie pour qu'elle l'admire.

— La bière a été inventée par les Égyptiens de l'Antiquité, dit-il.

— Ceux qui faisaient les momies ?

— Exactement. Bien qu'il n'y ait, à mon avis, aucun rapport. En tout cas, j'espère. Le fait est que les Égyptiens auraient pu inventer la citronnade – mais ils ont préféré inventer la bière à la place.

Tandis que Gracie réfléchissait à ce qu'il venait de dire, l'Oncle Moe arracha la languette métallique du dessus de sa canette. Il y eut un claquement, suivi d'un sifflement gazeux et d'un petit panache de mousse. L'Oncle Moe en but une longue gorgée, essuya la mousse de sa moustache tragique avant de poursuivre :

— À propos d'inventions, est-ce que tu savais que la boîte de conserve a été inventée en 1811, mais qu'il a fallu attendre 1855 pour qu'on invente l'ouvre-boîte ? C'est un fait. Pendant les quarante-quatre ans qui ont séparé les deux inventions, les gens qui avaient faim devaient s'armer d'un marteau et d'un ciseau pour avoir accès à leur porc aux haricots. Une veine pour eux qu'à cette époque-là on ne vendait pas la bière dans des boîtes de conserve, tu crois pas ?

À ce moment précis, il y eut un temps mort sur le terrain de football et M. Perkel en profita pour aller aux toilettes. Vous-mêmes, vous avez peut-être déjà remarqué que les hommes grands et forts, lorsqu'ils boivent de la bière, se mettent à faire pipi comme des petits chiots.

— Est-ce que tu as entendu parler de Julia Child, la célèbre cuisinière ? Quand elle s'est installée à Paris, en 1948, elle a emporté avec elle une caisse de bière américaine. Sa bonne française n'avait jamais vu de bière en canette auparavant et elle a voulu se débarrasser des canettes vides dans les toilettes, en tirant la chasse d'eau. Bien sûr, ça a fait déborder la cuvette. Le plombier a mis presque trois jours pour déboucher la canalisation.

Cela fit rire Gracie. Regardant les canettes vides éparpillées sur le sol, elle se dit qu'elle pourrait jouer un bon tour à son papa en les jetant dans les toilettes. Bon… peut-être pas. Il fallait qu'elle y réfléchisse encore un peu.

L'Oncle Moe passa de nouveau sa bière à Gracie. Elle hésita et puis, comme elle était une petite fille aventureuse, elle finit par en prendre une autre gorgée. Elle ne dit pas "beeerk", mais cela ne lui sembla pas meilleur que la première fois.

— Il y a peu de chances que ton pédiatre te le dise, à moins qu'il ne soit irlandais, bien sûr, mais la bière n'est pas sans valeur nutritionnelle. En Chine, le mot qui désigne la bière signifie "pain liquide". (L'Oncle Moe s'interrompit pour boire.) Même la plus mauvaise des bières industrielles contient son pack de six vitamines : la thiamine, la riboflavine, l'acide pantothénique, la pyridoxine, la biotine et… ah, oui, la cyanocobalamine. Tu peux dire cyanocobalamine ?

— Cyno… cyho… cyobalimane… cy…

— OK, c'est presque ça. J'imagine qu'elles appartiennent toutes à la famille des vitamines B, mais je serais bien incapable de te dire précisément pourquoi ces petites choses imprononçables sont bonnes pour la santé.

Gracie se fichait pas mal de savoir pourquoi elles étaient bonnes pour la santé. En ce qui la concernait, les vitamines étaient encore plus beeerk que la bière.

— Écoute-moi bien, lui confia l'Oncle Moe en chuchotant presque. Lundi, on annoncera à ta maman que je t'emmène au zoo de Woodland Park. Mais à la place, on prendra discrètement le bus pour aller jusqu'à la brasserie Redhook. On suivra leur visite guidée et tu pourras voir par toi-même de façon précise comment on fait la bière. Très instructif, ma chère, très instructif. Après la visite, je te ferai entrer en douce dans le bar et on pourra observer le barman en train de donner à boire aux singes. C'est bien mieux que le zoo.

Faisant pratiquement des petits rots d'excitation (ou était-ce la bière ?), Gracie sortit de l'antre en sautillant. Son anniversaire mettait tellement de temps à arriver qu'elle avait peur de se retrouver adolescente avant même d'avoir eu ses six ans, mais maintenant, il y avait au moins une chose qu'elle pouvait attendre avec impatience.

2

Le lendemain matin, au catéchisme du dimanche, Gracie prit place au fond de la classe. Chaque fois qu'elle pouvait, elle s'asseyait dans les dernières rangées, parce qu'elle avait le nez sensible et que la dame qui leur faisait la classe avait tellement mauvaise haleine qu'elle aurait pu paralyser un serpent à sonnette. Gracie ne faisait pas vraiment attention, en fait elle somnolait plus ou moins, rêvant au portable rose et au petit chiot qu'elle souhaitait avoir pour son anniversaire, quand elle crut entendre la dame dire quelque chose au sujet des Égyptiens de l'Antiquité.

Enfonçant le bouton “Pause” de sa machine à rêves, Gracie leva les yeux juste au moment où la dame demandait :

— Alors, les enfants, pourquoi, à votre avis, ce vieux pharaon, le roi d'Égypte, avait-il ordonné de noyer dans le fleuve tous les garçons nouveau-nés israélites ?

Totalement réveillée, maintenant, Gracie se dit qu'elle connaissait peut-être la réponse. Elle leva la main.

— Pour les empêcher de grandir et de boire toute la bière qu'il y avait en Égypte, dit-elle joyeusement.

La dame lui lança un regard très appuyé, très étrange, avant de poursuivre et de répondre elle-même à la question, tout en exhalant des effluves qui auraient pu ouvrir les flots de la mer Rouge, ce qui aurait dispensé Moïse de le faire lui-même. Plus tard, sur les marches de l'église, la dame du catéchisme prit Mme Perkel à part et s'entretint avec elle à voix basse, jetant de temps à autre un regard en direction de Gracie.

Après le déjeuner du dimanche, que Gracie et sa maman prirent seules, M. Perkel étant parti jouer au golf avec ses copains, elle fut expédiée dans sa chambre. En prison. Elle s'en moquait un peu parce qu'elle passait souvent l'après-midi dans sa chambre à écouter de la musique (et même parfois à danser ; elle avait dans son répertoire tout un tas de pas vraiment exceptionnels), mais ce jour-là elle se faisait du tracas, car elle avait le pressentiment que son papa allait la punir plus sévèrement quand il rentrerait de son golf. (Vous savez ce que c'est, le golf, hein ? C'est comme du basket pour les gens qui sont incapables de sauter et comme une partie d'échecs pour les gens qui sont incapables de réfléchir.) Le pire, dans tout ça, c'est qu'elle n'avait aucune idée de ce qu'elle avait fait de mal.

Mais, finalement, toute la famille alla manger une pizza chez Picora, tôt ce soir-là, et personne ne dit un mot sur la conduite de Gracie. Peut-être que la mauvaise haleine de la dame du catéchisme avait paralysé la région de la mémoire dans le cerveau de Mme Perkel.

Quoi qu'il en soit, Gracie s'endormit soulagée cette nuit-là, un sourire secret sur les lèvres, car dans la matinée, l'Oncle Moe et elle allaient partir vivre une aventure. Et aussi parce qu'elle n'était pas un garçon nouveau-né israélite dans l'ancienne Égypte.

3

Est-ce que vous avez déjà eu l'impression (ou est-ce que vous avez déjà imaginé) qu'il n'y a pas qu'un seul monde ? Est-ce qu'il vous semble parfois qu'il y a le monde familier, dans lequel vous vous réveillez chaque matin, et puis un autre monde, à côté de celui-ci, à droite ou à gauche, hors de portée, où se passent des choses intéressantes (certaines merveilleuses, d'autres à vous donner la chair de poule), des choses que vous ne pouvez pas vraiment décrire, vous n'arrivez pas à mettre le doigt dessus : un monde où votre horloge Hello Kitty qui fait tic-tac refuse d'obéir aux lois du temps, où les mamans et les papas ne travaillent pas toute la journée, et où les arbres, certains rochers, et peut-être même les chaussures mènent une vie secrète bien à eux ? Vous ne parlez jamais de cette sensation, et vous n'y pensez pas trop non plus, parce qu'il y a là-dedans un petit parfum de sottise, mais une fois de temps en temps, comme par exemple quand vous êtes dans votre lit, ou que vous marchez dans une rue particulièrement sombre, est-ce que tout ça ne vous semble pas trop réel pour pouvoir faire comme si ça n'existait pas ?

Eh bien, cette fameuse bruine de Seattle, cette incessante pluie fine et grise que nous avons décrite précédemment, cette brume capable d'atténuer et même d'effacer les lignes qui séparent une forme d'une autre, cette même bruine pénétrante a le pouvoir de dissiper l'ombre qui sépare Notre Monde de l'Autre Monde. En tout cas, il y a des gens qui le croient, bien que, pour être tout à fait honnête, ce soient pour la plupart de vieux Indiens, des hippies, des chasseurs de champignons, ou alors des enfants comme Gracie Perkel.

Le lundi matin s'avéra particulièrement bruineux, transpercé par les aiguilles d'une pluie silencieuse, fine comme des pattes d'araignée, et qui était tellement dense qu'on aurait pu la prendre pour du brouillard. Normalement, par une journée aussi humide et sombre, Gracie aurait pu rester à la fenêtre de sa chambre à essayer de repérer des traces d'anges, de Sasquatch, de fantômes aux cheveux moussus, de dieux magiques ou d'esprits de renards sauvages à demi invisibles. Mais aujourd'hui, elle sauta immédiatement du lit – et vous savez pourquoi.

À pas feutrés, elle se rendit à la salle de bains, s'aspergea le visage d'eau, fit ce qu'elle appelait un “caca éclair” (tout juste deux grognements), et fit glisser une brosse à dents en travers de ses gencives si rapidement qu’elle ne réussit même pas à chatouiller une seule bactérie, alors pour ce qui est de les tuer… Et puis, toujours en pyjama, elle descendit en glissant sur la rampe et bondit jusqu’à la table du petit déjeuner, le goût du biscuit fourré Pop-Tart à la fraise déjà dans la bouche.

En fait, il ne servait à rien de se précipiter de cette manière. Gracie savait parfaitement que l’Oncle Moe ne mettait jamais le pied hors du lit avant 10 heures du matin. L’Oncle Moe était convaincu que se lever tôt n’était pas bon pour la santé, que c’était une pratique néfaste à la fois pour les nerfs et pour le foie. Cependant, Gracie était trop impatiente pour traînasser. Ces derniers temps, elle avait trouvé sa vie quelque peu ennuyeuse (le jardin d’enfants n’ouvrait que le mardi, le mercredi et le jeudi), alors l’idée d’une excursion en compagnie de celui qu’on appelait le maboul de la famille la transportait plus qu’il ne pourrait paraître raisonnable.

Dreling-dring-dring! Gracie venait de porter à ses lèvres un verre tout juste rempli de lait lorsque le téléphone drelinga. Mme Perkel décrocha l’appareil mural de la cuisine et dit, d’une manière plutôt sarcastique :

— Tiens, tiens, mais c’est notre vieux philosophe.

Un temps d'arrêt. Gracie garda son verre levé sans boire.

— Mince, quel dommage, dit sa maman avant d'ajouter sur un ton qui frappa Gracie par son manque de sincérité : vraiment désolée d'entendre ça.

Le bras qui tenait le verre de lait était resté figé. De quoi pouvait-il bien s'agir ? Aucune pluie, quelle que soit son intensité, ne pourrait contraindre l'Oncle Moe à repousser ou annuler leur plan. Pour l'Oncle Moe, qui se vantait de n'avoir jamais possédé ni parapluie, ni imperméable, la pluie n'était rien d'autre qu'une raison de plus de se réjouir.

— OK, je vais lui apprendre la mauvaise nouvelle, dit Mme Perkel. (Après avoir raccroché, elle se tourna vers Gracie.) J'ai bien peur que Moe ne puisse pas t'emmener au parc aujourd'hui, ma chérie. Il s'est blessé au pied et doit aller chez le médecin.

— Oh.

Gracie reposa son verre sans avoir bu une goutte. Elle était tellement déçue qu'elle en oubliait ses bonnes manières. Au bout d'un long moment, elle finit par demander d'une voix inquiète mais fluette :

— Comment il s'est blessé au pied ?

Posant les mains sur ses hanches, Mme Perkel secoua la tête de droite à gauche en souriant.

— Il a laissé tomber une canette de bière dessus, dit-elle.

4

Si l'ambition de tous les biscuits fourrés Pop-Tart est d'être mangés avec gourmandise, il y en avait un chez les Perkel qui était destiné à exister en vain. Gracie quitta la table sans avoir pris une seule bouchée de son petit déjeuner. Elle se précipita dans sa chambre, ferma la porte et se laissa tomber sur son lit. Elle enfouit son visage si profondément dans la taie d'oreiller blanche que vous auriez pu croire qu'au-dessus du cou elle était une de ces momies égyptiennes (mais nous ne devrions probablement plus parler de l'Égypte.) Son oreiller fut rapidement aussi trempé que s'il avait été laissé dehors dans la cour.

Vous pensez que sa réaction était exagérée ? Est-il possible que sa déception ait été aussi horrible ? Non, Gracie n'était pas une mauviette pleurnicheuse. De plus, la déception ne lui était pas inconnue, parce que son papa lui promettait toujours (et quand je dis toujours, c'est vraiment toujours !) de l'emmener quelque part, de jouer avec

elle ou de lui acheter des choses, et puis le moment venu, il oubliait tout. Ce qui avait bouleversé Gracie, ce qui l'avait énervée à ce point, ce n'était pas tant la déception que la honte et l'humiliation.

Elle n'avait peut-être que cinq ans (bon, d'accord, presque six), mais elle n'était pas stupide. Elle savait bien qu'aucune canette de bière n'était assez lourde pour blesser le pied d'un adulte en tombant dessus. Peut-être que c'était sa maman, peut-être que c'était l'Oncle Moe, peut-être les deux ensemble, mais quelqu'un lui racontait des bobards pour lui faire honte. Quelqu'un qu'elle aimait se moquait cruellement d'elle, sans doute en raison de tout l'intérêt qu'elle avait porté à la bière samedi ; et aussi, probablement, parce qu'elle avait parlé de la bière à l'église dimanche. Ils se moquaient d'elle à cause de cette histoire de bière, sans qu'elle sache exactement pourquoi.

Mais il y avait une chose qu'elle savait : elle ne voulait plus jamais entendre parler de bière ! La bière pouvait disparaître complètement de la planète Terre, ça lui était entièrement égal. La bière, c'était fini pour elle. Elle la détestait. Elle regrettait que ces satanés Égyptiens qui noyaient les nouveau-nés ne se soient pas étranglés en buvant leur stupide invention, beeerk !

Lorsqu'elle eut épuisé toutes ses larmes, Gracie se retourna et se moucha dans la manche de son pyjama. (Ne venez pas prétendre que vous n'avez jamais fait la même chose.) Elle resta allongée toute la matinée sans aucune envie d'écouter de la musique, choisissant de ne pas se passer la cassette du *Monde de Nemo* pour la trente-septième fois, et n'étant certainement pas d'humeur à danser.

Elle se contenta principalement de regarder à travers la fenêtre mouchetée par la bruine et d'observer les collines au loin, comme si elle s'attendait à détecter les signes d'un autre monde dans la brume (en fait elle l'espérait) ; par exemple, des signes de légendaires Indiens géants, des signes de lutins farceurs, de hors-la-loi fantômes, de nains enchantés parcourant la forêt vêtus de longues robes de velours, ou, plus particulièrement, de jeunes orphelines en fuite à la recherche de troncs d'arbres creux dont elles pourraient faire leur demeure. Une ou deux fois, elle crut voir quelque chose de ce genre, mais elle aurait toutefois réfléchi avant de parier son argent de poche là-dessus.

Ensuite, elle essaya d'imaginer ce que ses chaussettes pourraient se dire dans le secret de leur tiroir de commode, tendant l'oreille comme pour surprendre leur conversation, mais, hélas, ce jeu ne l'amusa pas autant qu'il l'avait amusée si souvent par le passé.

Gracie Perkel avait perdu son petit rire. Elle l'avait vraiment perdu. Son petit rire l'avait abandonnée. Il s'en était allé. Et elle n'était pas sûre de le récupérer un jour.

— Hé ho, là-haut ! (C'était sa mère qui criait en bas de l'escalier.) Le déjeuner est servi !

Comme il n'y avait pas de réponse, elle ajouta :

— Sandwich au fromage fondu et soupe à la tomate !

N'allez surtout pas croire que Gracie n'était pas tentée. Son petit ventre n'était-il pas aussi vide que l'espace intersidéral ? Sandwich au fromage fondu et soupe à la tomate n'étaient-ils pas son menu préféré pour le déjeuner ? Bien sûr que si, mais pourquoi aurait-elle dû manger une nourriture préparée par une maman suffisamment sans cœur pour ridiculiser sa fille unique qui n'avait fait que se montrer curieuse au sujet des étranges choses que boivent les adultes ? Fallait même pas y penser ! On allait voir ce qu'on allait voir ! Gracie préférait encore manger du poison.

À cet instant-là, elle entendit une voiture s'arrêter dans l'allée. C'était un gros taxi jaune. Et puis voilà qu'on aidait ce vieux Moe à sortir du véhicule. L'Oncle Moe, dans son costume à fines rayures, avec ses lunettes noires et son béret français, façon artiste. S'appuyant sur des béquilles. Son pied gauche était pris dans une de ces chaussures médicales spéciales.

5

— TECHNIQUEMENT parlant, expliqua l'Oncle Moe, ce n'était pas une simple canette de bière.

— Qu'est-ce que c'était, alors ? demanda Mme Perkel. Techniquement parlant.

Son ton était soupçonneux, et même un rien irrité.

Les yeux de Moe étaient fixés sur Gracie et son regard était rempli de bienveillance. Elle était toujours en pyjama, bien qu'il fût passé midi, et il comprenait pourquoi.

— Pour être parfaitement exact – et nous devrions toujours nous efforcer de l'être, n'est-ce pas, Gracie ? –, l'objet inanimé qui a rendu invalide mon extrémité inférieure n'était pas une simple canette de bière, mais, plutôt, une canette avec de la bière. Ce qui veut dire qu'elle était pleine. Une canette qui n'avait pas encore été ouverte. Mais le pire, ce n'est pas vraiment ça.

“Il s'est trouvé que la bière en question était une bière d'importation, une Sapporo, et vous vous en souvenez peut-être si vous en avez déjà vu au supermarché, elle est vendue dans une boîte argentée géante qui ressemble à une sorte d'arme de ninja japonais, toute fuselée et effilée, ça lui donne un air très dangereux. Une canette de Sapporo contient soixante-cinq centilitres, presque autant qu'une bouteille, alors quand on ouvre la porte de son réfrigérateur et qu'une Sapporo tombe accidentellement – *Banzaï! Kamikaze!* – de l'étagère du haut et s'écrase sur un orteil nu…

— Ouille, ouilla Gracie. Ça t'a fait mal ?

— Tu parles, ma petite, et comment ! J'ai eu l'impression que mon pied avait été écrasé par la voiture de golf de ton papa quand elle est bourrée d'avocats, de blondes et d'une tonne de poulet frit.

Mme Perkel prit la direction de la cuisine.

— J'ai du travail, Moe. Tu voudras bien m'excuser.

— Grands dieux ! Je m'en voudrais d'empêcher un citoyen d'accomplir sa noble tâche, dit-il. Mais avant que tu ne plonges dans tes labeurs domestiques, je te demanderais bien de me fournir de quoi m'aider à reprendre du poil de la bête.

L'espace d'un moment, le cœur de Gracie se mit à battre la chamade. Quelque part en elle, un couinement commença à défaire sa ceinture de sécurité. Y avait-il – était-il possible qu'il y ait – un petit *chiot* dans cette maison ? Après tout, son anniversaire approchait et elle avait demandé un…

Mais, non, ce n'était pas ça ; sa mère revint avec une bouteille de Budweiser glacée qu'elle tendit d'un geste brusque à l'Oncle Moe reconnaissant qui, remarquant la confusion de Gracie, lui expliqua alors que "reprendre du poil de la bête" était une expression familière qu'il avait utilisée en pensant à cette pratique qui consiste à boire dans la matinée, et dans un but thérapeutique, un peu de la boisson alcoolisée que l'on a bue en trop grande quantité la veille au soir ; bien que, et dans le cas présent, la bête qui avait mordu l'Oncle Moe fût cette lourde canette de Sapporo, une canette qui avait brisé l'os de son gros orteil, occasionnant, en raison du brusque mouvement de recul provoqué par la douleur, une rupture d'un tendon de la cheville.

— Ça m'a fait souffrir comme un mal de dents tout le reste du week-end, alors la première chose que j'ai faite ce matin a été de consulter d'urgence un pédicure.

Si le mot *pédicure* ne vous est pas familier, vous n'êtes pas les seuls. Heureusement pour Gracie (et maintenant pour vous aussi), l'Oncle Moe ne tarda pas à définir le *pédicure* comme le docteur qui examine et soigne les problèmes de pieds. Un spécialiste du pied. Mais le bon vieux Moe étant le bon vieux Moe, il ne s'arrêta pas là.

— Est-ce que tu sais, demanda-t-il, qu'il y a plus de pédicures aux États-Unis d'Amérique que dans tous les autres pays du monde réunis ? C'est vrai. Et mon pédicure dit que cela s'explique par le fait que les Américains serrent trop les lacets de leurs chaussures. C'est exact. Nous serrons tellement les lacets de nos chaussures que nous finissons par abîmer nos pieds.

"Bon, et qu'est-ce que ça t'apprend sur la personnalité profonde de notre nation ? Hein ? N'y aurait-il pas là un signe que les Américains craignent le relâchement ? Un besoin maladif – et sans espoir, bien sûr, ha ha – de sécurité ? De stabilité ? Cela ne peut-il pas expliquer en partie cette inquiétante tendance qu'ont certains de nos concitoyens à se serrer les uns contre les autres sur les parkings des supermarchés ?

Gracie essaya d'y penser, mais cela se révéla une pensée à laquelle sa machine à penser n'arrivait pas à penser. La petite fille avait beau se concentrer tant qu'elle pouvait, la philosophie de son oncle la laissait toujours aussi perplexe ; quand il s'en rendit compte, il but une énorme gorgée à la bouteille puis la lui tendit.

— La bière n'est jamais meilleure que lorsqu'elle est tirée directement du tonneau, dit-il, mais la bouteille en verre est supérieure à la canette. Les canettes sont plus pratiques et elles ne sont pas près de disparaître, mais les variations de température de l'aluminium nuisent à la pureté du goût.

Pour les neuf mille bourgeons gustatifs – enthousiastes mais inexpérimentés – de Gracie, le goût de la bière en bouteille se révéla être tout aussi beeerk que celui de la bière en canette, et donc, après une gorgée prudemment optimiste, elle lui rendit sa bibine. Guère plus enthousiaste, mais sans qu'il y ait de quoi se faire mousser, elle commençait à en savoir un peu plus sur les blondes.

Hochant la tête en voyant sa grimace, ainsi que le pyjama qu'elle avait toujours sur elle (le pyjama étant l'uniforme officiel de l'inertie et de la dépression), l'Oncle Moe lui lança joyeusement :

— Le monde est un endroit merveilleusement imprévisible, ma chère ; nous sommes rarement aussi limités que nous pensons l'être, et à quelque chose malheur est bon. Par exemple, il s'est avéré que ma pédicure était une représentante du sexe féminin absolument splendide. Je veux dire, si la beauté se mesurait en flocons de neige, elle pourrait fournir des sites de nidification à la moitié des pingouins de la Terre.

“Le Dr Proust a des cheveux noirs et lisses si longs qu'il faudrait vingt minutes à un singe-araignée pour y grimper de bas en haut, elle portait une robe de soie aussi rouge qu'une alerte au terrorisme, des sandales argentées, des bijoux très travaillés et une sorte de fard à paupières agressif et scintillant ; son allure est plus celle d'une gitane que celle d'une chirurgienne. Il n'y a peut-être rien de surprenant à ce qu'elle ait l'intention de jouer du scalpel sur moi jeudi prochain. (Il sourit.) Je meurs d'impatience.

Il s'interrompit pour finir sa bière.

— À un moment donné, elle m'a informé qu'elle était à moitié juive et à moitié italienne. Je lui ai dit : "Un mélange remarquable, Docteur, mais dans ces conditions, j'ai une requête urgente : je veux que ce soit la moitié juive qui fasse l'opération. OK ? D'accord ? Gardez la partie italienne pour la cuisine et la chanson."

À en juger par l'air interdit de Gracie, il comprit que ses traits d'esprit lui passaient au-dessus de la tête – la petite fille étant encore innocente en matière de stéréotypes culturels –, alors il tapota sa petite main en témoignage de sa compréhension pleine de tendresse et, bataillant avec ses béquilles, il se leva à grand-peine du canapé.

— Voici ce que je te propose, mon p'tit bout d'chou. Après mon opération, je vais boiter comme un robot rouillé pendant au moins une semaine, mais au moment de ton anniversaire, je devrais pouvoir me déplacer pas trop mal. J'imagine que tu donneras une fête pour ce grand jour, mais le lendemain, quand tu te seras remise des festivités, nous irons faire cette visite de la brasserie Redhook comme on l'avait prévu au départ. Seulement, on n'ira pas là-bas dans une sorte de boîte de Prozac à moteur. Pour fêter ton anniversaire, je viendrai te chercher dans une limousine extra-longue. Tu vises un peu ça ?

Pour ce qui était de viser, pas de problème. Elle était même une excellente viseuse. Et quand Moe fut parti, Gracie gagna la salle à manger en sautillant et avala jusqu'à la dernière goutte de sa soupe à la tomate, en dépit du fait qu'à ce moment-là, elle était à peu près aussi froide que la Budweiser de Moe. Puis elle grimpa à l'étage, toujours en sautillant (ce qui constitue une pratique dangereuse, en fait, à laquelle il vaudrait mieux que vous n'essayiez pas de vous livrer en dehors de la surveillance d'un adulte), où elle enfila un jean et son sweat-shirt GIVE PEACE A CHANCE. Elle ouvrit son tiroir à chaussettes et en sortit une paire rose. Elle les leva au niveau de ses yeux et leur adressa directement la parole.

— Chaussettes, leur dit-elle, vous devriez connaître la réponse à cette question : comment se fait-il que les Américains serrent trop fort les lacets de leurs chaussures ?

Comme on pouvait s'y attendre, les chaussettes gardèrent le silence. Légalement, c'était leur droit. De son côté, Gracie ne put réprimer un petit rire. Apparemment, elle avait retrouvé son entrain. Mais nous devrions peut-être croiser les doigts pour elle, vous ne pensez pas ?

6

La semaine passa aussi lentement que les gaz intestinaux d'un bonhomme de neige. Chaque jour bruineux s'avançait en boitant jusqu'au suivant, comme si une canette de Sapporo lui était tombée sur le pied, lui cassant l'orteil du crépuscule et lui déchirant le tendon de l'aube. Au jardin d'enfants, cette semaine-là, Gracie n'apprit rien qu'elle ne savait déjà ; au beau milieu du *Monde de Nemo*, elle s'aperçut brusquement que l'avoir vu trente-six fois suffisait amplement ; et alors qu'elle brûlait d'envie de rendre visite à l'Oncle Moe pendant sa convalescence et de lui apporter un bouquet de fleurs, ou quelque chose comme ça, son papa était toujours trop occupé pour la conduire en ville, et sa maman toujours trop fatiguée. C'était vraiment énervant.

Bien sûr, elle appela Moe après son opération, regrettant de ne pouvoir le faire avec ce portable rose qu'elle espérait recevoir pour son anniversaire et grâce auquel oncle et nièce auraient pu avoir une véritable conversation privée. À vrai dire, le plaisir anticipé de son prochain anniversaire fut la seule chose, cette semaine-là, qui lui permit de garder cette étincelle dans son regard et ce sautillement dans sa démarche.

Cela dit, on peut qualifier la semaine de complètement morne et monotone à condition de ne pas compter le dimanche. Il est probablement permis de laisser le dimanche de côté, parce qu'en Amérique et en Europe, le dimanche n'est généralement pas considéré comme un jour de semaine. Vous-mêmes, vous devez admettre que, pour diverses raisons, il y a quelque chose de différent dans le dimanche. Le dimanche a une allure différente, il procure une sensation différente, il a même une odeur différente de celles des six autres jours. Le dimanche a une couleur différente (généralement le blanc), une texture différente (linge amidonné) et une saveur différente (un peu comme de la purée de pommes de terre) de celles du samedi (qui, lui, est écarlate et a la saveur de la saucisse et de la bière). Dans certaines villes américaines, soit dit en passant, il est interdit de vendre de la bière le dimanche, mais ça, c'est une autre histoire.

Quoi qu'il en soit, il se produisit un incident, ce dimanche-là, qui n'était pas normal à strictement parler et qui le distingua encore plus des autres jours de la semaine. Un incident que Gracie n'oublierait pas de sitôt. Cela se passa à l'église. (Autrefois, certaines personnes stupides appelaient les décapsuleurs pour bouteilles de bière des "clés d'église", mais ça aussi, c'est une autre histoire.)

Pour des raisons qui lui appartiennent, la dame du catéchisme avait ordonné à Gracie de s'asseoir au premier rang ce matin-là, et celle-ci étant une petite fille polie, elle avait obéi sans poser de question, ni faire d'objection, sachant pourtant pertinemment qu'il lui faudrait se pincer le nez de temps en temps pour ne pas avoir de haut-le-cœur.

Se plaçant sous l'autorité du troisième chapitre de l'Évangile selon saint Jean, la dame discourait avec vigueur depuis un bon moment sur la nécessité d'être "régénéré" – un concept que, pour être franc, Gracie n'avait jamais vraiment bien compris – lorsqu'elle (la dame) s'aperçut qu'un de ses lacets était défait, et elle se pencha pour le renouer (certainement en serrant plus fort qu'il ne le fallait). Profitant de ce temps mort, Gracie décida sur un coup de tête d'apporter sa contribution à ce qui avait été jusqu'à présent une discussion à sens unique.

— Mon oncle Moe dit que quand il mourra, il renaîtra sous la forme d'une anguillule du vinaigre.

Toujours absorbée par le nœud de son lacet, la dame du catéchisme se mit à bredouiller, mais avant qu'elle n'ait pu se redresser, un petit garçon curieux demanda :

— C'est quoi ?

— Oh, dit Gracie, de sa voix pétillante, une anguillule du vinaigre est un paradis – non, je veux dire… un para*site*; ouais, c'est ça, un parasite qui vit, je crois, en Allemagne. Il perce des trous dans les parois des chopes à bière là-bas – elles sont en argile, tu vois – et il se nourrit de la mousse qui déborde. Mon oncle Moe…

— Suffit ! hurla la dame.

Elle empoigna par les épaules la petite Gracie tout effrayée et la souleva de sa chaise.

— Ça suffit, maintenant, petite païenne.

Elle avait le visage de la couleur d'une glace au raisin et, tirant Gracie jusqu'à la porte, elle la mit dehors.

— Tu attends ici jusqu'à la fin de la leçon. Je m'occuperai de toi plus tard.

Le bâtiment du catéchisme était relié à l'église proprement dite par une galerie à colonnes, c'est-à-dire (il vaut mieux expliquer) un étroit passage dont le toit repose sur des colonnes. Un côté de cette galerie était ouvert et vous pouvez deviner (n'est-ce pas ?) comment était le temps à Seattle ce matin-là. (Si vous avez dit "bruineux", vous avez gagné.) Et comme c'était la fin octobre, il faisait aussi plutôt frisquet. Par conséquent, lorsque Mme Perkel trouva Gracie dans la galerie où la petite fille déconcertée avait été exilée, les tremblements, les claquements de dents et les reniflements allaient bon train.

Alors que sa maman était en train d'envelopper Gracie tout humide et grelottante dans son châle, la dame du catéchisme arriva sur les lieux.

— Que fait-elle dans cet endroit ? demanda sèchement Mme Perkel.

Pas désolée le moins du monde, la dame se rengorgea.

— Dieu seul sait à quelle conduite dissolue cette petite est exposée chez elle, mais je peux vous dire qu'elle a interrompu ma leçon de catéchisme en parlant une nouvelle fois de *bière* ! Et ce n'est pas le pire !

La dame répéta alors plus ou moins fidèlement les remarques perturbatrices de Gracie sur les morts qui peuvent renaître sous la forme de vers de bière allemands.

— Je ne tolérerai pas, s'insurgea la dame, que l'on vienne débiter de telles âneries païennes et dépravées dans un lieu de culte chrétien !

Mme Perkel la regarda droit dans les yeux pendant un instant. Puis, lentement, sans desserrer les dents, elle lui dit :

— Étant donné la quantité de *vin* consommée par des tas de gens dans la Bible, y compris Jésus et ses disciples, en de nombreuses occasions, pieuses ou pas, étant donné la taille des gobelets lors de la Cène et la façon dont notre Sauveur a miraculeusement changé de l'eau ordinaire en la boisson alcoolisée de son choix, je doute que le Seigneur expédierait une innocente enfant de cinq ans…

Pratiquement six, pensa Gracie, mais elle se garda d'ouvrir la bouche.

— … dehors, dans le froid, simplement parce qu'elle a mentionné une boisson moins forte telle que la bière. Avez-vous oublié le texte où Dieu nous ordonne de « laisser les petits enfants » aller à Lui ? Quant à la réincarnation, personnellement je n'y crois pas, mais il y a des dizaines de millions de gens bien et intelligents qui y croient, et vous avez intérêt à prier pour qu'ils aient tort, Mademoiselle La Vertu. Parce que si c'est eux qui ont raison, vous êtes sûre de revenir sous la forme d'un vieux crabe engoncé dans sa carapace, avec des pinces et l'haleine la plus puante de tout l'océan.

Et par-dessus son épaule, elle ajouta :

— Ma parole, qu'est-ce que vous mangez au petit déjeuner, de la pâtée pour chat ?

Pendant presque tout le trajet du retour, ni la mère ni sa fille ne pipèrent mot. Toutefois, Gracie rayonnait de satisfaction ; elle était tellement transportée de joie par la façon inattendue dont sa maman avait pris sa défense qu'elle avait toutes les peines du monde à retenir son petit rire.

Au bout d'un moment, Mme Perkel elle-même fit entendre un bruit qui ressemblait vaguement à un rire, mais ça aurait pu tout aussi bien être un grognement ou un profond soupir. Elle secoua la tête.

— Je n'arrive pas à y croire, dit-elle. Je n'arrive pas à croire à quel point je me suis mise à parler comme Moe. (Elle roula les yeux.) Cet imbécile contestataire me tape sur les nerfs depuis sept ans avec ses vannes tordues, et voilà que je me mets à parler comme lui.

Elle rit à nouveau, mais il était difficile de dire si elle pensait vraiment qu'il y avait là quelque chose de drôle.

Un peu plus loin, elle se gara brusquement devant le glacier Häagen-Dazs d'un petit centre commercial, elle y emmena Gracie et lui commanda une glace à la sauce au chocolat chaud grosse comme le Ritz.

Mais avant que Gracie ait pu y plonger sa cuiller, Mme Perkel saisit le poignet de la petite fille.

— Ma petite demoiselle, dit-elle d'un ton sévère, je ne veux plus entendre de bêtises au sujet de la bière. C'est bien compris ?

— Plus de bêtises au sujet de la bière, promit Gracie.

Elle pensait ce qu'elle disait, mais alors qu'elle s'employait à réduire la taille de sa glace, elle se surprit à se demander à quoi ressemblaient les anguillules du vinaigre en réalité, et comment elles réagiraient si, un jour, elles retrouvaient parmi elles l'Oncle Moe réincarné.

7

De nos jours, pour le meilleur ou pour le pire, des tas d'enfants ont leur propre téléphone portable. Est-ce que vous en avez un, vous ? Et si c'est le cas, est-ce que c'est un de ces super téléphones, un de ces appareils de génie qui vous permettent non seulement d'avoir des conversations téléphoniques traditionnelles, mais aussi d'envoyer des messages écrits, de prendre des photos, de lire les e-mails, d'écouter de la musique, de regarder des films, qui vous disent l'heure, vous protègent des vampires, vous essuient le derrière et regonflent les pneus de votre vélo ?

Le portable que Gracie voulait pour son anniversaire avait plusieurs fonctions très attrayantes en plus de sa couleur chewing-gum, entre autres celle qui lui aurait permis d'observer l'Oncle Moe chez lui, de voir son visage qui ressemble à un bol de sauce et sa moustache qui fait penser à un pic-vert sans tête, tout en discutant avec lui. Mais les choses étant ce qu'elles sont, lorsque Gracie composa le numéro de son oncle ce lundi, en fin d'après-midi,

ce fut sur un téléphone fixe dans l'antre de son père, le poste le plus éloigné de sa maman dont elle pût disposer alors, parce qu'elle savait qu'elle ne pourrait pas s'empêcher de raconter à Moe le petit drame qui s'était déroulé la veille pendant et après la leçon de catéchisme. Cela avait été vraiment trop… eh bien, *dramatique*.

Enchanté d'apprendre que Karla Perkel avait tenu tête à ce qu'il appela “encore une de ces odieuses brutes de bigotes”, l'Oncle Moe ajouta que les gens comme la dame du catéchisme de Gracie sont pleins de suffisance parce qu'ils sont absolument convaincus que tôt ou tard, ils pourront se prélasser nuit et jour sur un tas de nuages cotonneux, tout là-haut au paradis.

— Ni moi ni personne d'autre n'avons le moindre pixel de preuve vérifiable concernant ce qu'il advient de nous après la mort, mais dis-moi, ma petite chérie : en supposant que tu meures – et j'espère que cela n'arrivera jamais – et qu'on te donne le choix, qu'est-ce que tu préférerais, revenir vivre sur terre dans la peau, disons, d'un dauphin, ou passer le restant de l'éternité comme une grosse paresseuse sur ton nuage ?

Pour Gracie, des concepts tels que *l'éternité* ne signifiaient pas grand-chose, voire rien du tout, et même la mort lui semblait quelque chose de très éloigné – comme ça doit l'être pour vous aussi –, mais elle n'eut pas besoin de réfléchir bien longtemps avant d'arriver à une conclusion.

— Un dauphin, ça serait très plus drôle, je crois.

— Il n'y a rien à ajouter. Naturellement, tu voulais dire, en fait, "beaucoup plus drôle", au lieu de "très plus drôle", mais en raison de ton jeune âge, la police grammaticale ne te dressera pas de contravention aujourd'hui. Toutefois, après ton anniversaire, ça pourrait changer.

— Oncle Moe, c'est vraiment vrai que tu vas venir me chercher en lit-mousine ?

— Oh là là ! Désolé, mon p'tit bout d'chou, mais je vois à cette cochonnerie de montre de marché aux puces qu'il est déjà 6 heures. Madeline va arriver d'une minute à l'autre.

— C'est qui ?

— Le Dr Madeline Proust.

— Ah, ta pédi-piqûre.

— Exactement.

— Elle vient à ton appartement pour voir comment va ton pied blessé ?

Cela fit glousser l'Oncle Moe.

— Oui, je suppose qu'elle va jeter un coup d'œil à mon petit pied, mais elle vient surtout pour casser la croûte.

— Casser quoi ?

— Tu sais bien. Rompre le pain. Partager un repas. Elle a déjà dîné avec moi hier soir.

— Elle doit aimer ta cuisine.

Il rit à nouveau.

— Je crois bien. Je crois que c'est ça. Quand nous nous sommes quittés hier soir… hmm, euh, disons-le comme ça : Madeline a une façon d'embrasser qui ferait pousser une crête d'Iroquois sur le crâne d'un homme chauve.

Gracie couina un petit au revoir et resta là, le téléphone silencieux à la main, s'interrogeant une fois de plus sur les mystérieuses coutumes des adultes. Comment se faisait-il que la belle puériculture allait embrasser l'Oncle Moe, qui était son patient et qui, en plus, avait un physique assez inhabituel ? Il n'y avait pas que leurs habitudes en matière de boissons qui étaient étranges, elle avait l'impression qu'il n'y avait pas de limite à la bizarrerie des adultes. Est-ce qu'elle serait aussi loufoque que ça quand elle serait grande ? Elle resta là, perdue dans ses pensées, jusqu'à ce qu'elle entende dans son dos quelqu'un entrer dans l'antre obscur.

— Grace Olivia Perkel !

Oh oh. Quand un parent vous balance comme ça l'intégralité de votre extrait de naissance – premier prénom, deuxième prénom et nom de famille – vous savez déjà que ce qui va suivre ne va pas être très agréable à entendre. Vous avez déjà remarqué ? Déjà, il faut se méfier quand ils s'adressent à vous en disant "jeune homme" ou "jeune demoiselle", mais quand ils vous servent le menu complet (*William Jefferson Clinton! Oprah Gail Winfrey! Thomas Eugene Robbins!* ou, dans le cas présent, *Grace Olivia Perkel!*), il y a de fortes chances pour que vous fassiez l'objet d'une sévère mise en garde contre l'accomplissement d'une vilaine action ou quelque chose comme ça, si toutefois, évidemment, vous n'êtes pas déjà passés dans la zone interdite.

(Est-ce que vous avez déjà entendu un adulte excédé ou un enfant plus âgé s'exclamer "Nom de Dieu"? C'est un juron un peu vulgaire, mais il n'est peut-être pas inutile de mentionner ici que l'Oncle Moe – au fait, au grand complet, c'est Morris Norris Babbano – a offert une récompense de dix dollars à quiconque pourra lui dire quel est le prénom de Dieu.)

Mme Perkel alluma la lumière. À Seattle, en octobre, il fait déjà si sombre à 6 heures du soir que les chauves-souris sortent faire leurs courses, à la recherche d'insectes abordables, et que les étoiles craquent des allumettes humides pour essayer de baliser un chemin dans l'obscurité.

— Tu parlais à Moe, hein?

Gracie se hâta de remettre le téléphone en place.

— Oui, m'man.

— Puis-je espérer, jeune demoiselle, que tu ne lui as communiqué aucune information d'ordre privé? Telle que ma petite explosion d'hier, après le catéchisme?

Gracie était si silencieuse qu'elle pouvait entendre son petit cœur cogner dans sa poitrine. Boum-boum. Boum-boum.

— Parce que, premièrement, je me sens gênée par mon emportement et, deuxièmement, toute cette histoire a commencé à cause de tes nouvelles élucubrations sur la bière, et puis tu m'as promis qu'à partir de maintenant tu ne parlerais plus de bière. Alors ? Tu lui as dit ou pas ?

Oh là là ! Gracie ne voulait pas raconter de bobards. Les bobards, c'était des trucs risqués, et c'était pas bien. Avec les bobards, au début on est une araignée, et puis à la fin on se retrouve en mouche. Mais d'un autre côté, elle était tout aussi peu disposée à fournir une réponse honnête. Une réponse sincère ne donnerait rien de bon. Que pouvait-elle faire ? C'est alors qu'elle se rappela quelque chose qu'elle avait entendu dire au jardin d'enfants : si vous croisez les doigts quand vous dites des mots qui ne correspondent pas totalement à la vérité, ça annule le bobard ; quand ils remarquent que vous avez les doigts croisés, les anges sont avertis que vous n'avez pas vraiment l'intention de mentir, alors ils font un petit clin d'œil, en quelque sorte, et ils ne vous en tiennent pas rigueur.

Encouragée par cette information, Gracie glissa le bras gauche derrière son dos et croisa les doigts.

— Non, m'man, j'ai rien dit. On parlait juste de comment des hommes chauves peuvent avoir une crête d'Iroquois.

Mme Perkel roula les yeux.

— Seigneur Dieu ! C'est vraiment le genre de choses que ce cinglé est capable de raconter. Lâche-nous un peu, Moe. Bon, très bien ma chérie ; tu as des mains de charbonnier, va te les laver. Ton papa a du travail et il rentrera tard, alors toi et moi, on va manger notre gratin au thon ici même, comme ça, je pourrai regarder les infos.

Examinant son visage dans le miroir de la salle de bains, Gracie vit une menteuse qui la regardait. Apparemment, croiser les doigts ne garantit pas nécessairement une protection contre tout sentiment de culpabilité. Pour prendre sa défense, on pourrait la consoler en lui rappelant que si ce qu'elle avait fait n'était pas bien, son bobard n'avait fait de tort à personne, en fait ; ce n'était qu'un tout petit pieux mensonge sans importance, et pas un de ces énormes et vils mensonges que ne cessent de nous raconter les hommes haut placés ; des mensonges qui font perdre à des individus de l'argent, leur réputation et parfois même, la vie.

Cependant, Gracie fut convaincue qu'elle était punie pour son mensonge lorsque, quatre jours plus tard, le jour de son anniversaire, ses rêves perdirent leurs ailes et il lui sembla que sa petite vie pleine de gaieté et d'insouciance venait de voler en éclats et se trouvait réduite en morceaux épars, comme une boule disco après un tremblement de terre.

Scorpio
INTENSE
LAGER

8

Une boule disco après un tremblement de terre ? Soyons sérieux, les enfants. Inutile de préciser que c'est là une exagération ridicule. Oui, mais comme nous l'avons déjà remarqué, Gracie Perkel avait une sorte de don pour le drame, et c'est ainsi qu'elle aurait très bien pu décrire la lamentable situation lors de son anniversaire – à condition, évidemment, qu'elle ait su ce qu'était une boule disco. Et vous, vous le savez ? Si ce n'est pas le cas, vos parents peuvent vous le dire. Enfin, si vos parents sont cool. Ou *étaient* cool, à une époque fort reculée. Au bon vieux temps. Au cas où votre grand-père serait en train de vous lire ce livre (tout le monde sait que vous êtes capable de le lire tout seul, mais il faut bien l'admettre, les grands-parents adorent faire la lecture tout haut à leurs petits-enfants), il est impossible de dire à l'avance quel genre de réaction toute question sur les boules disco pourrait provoquer chez *lui*.

Enfin, bref, tout est allé de travers, à commencer par la fête. Il a fallu l'annuler. Ce n'est un secret pour personne, toutes les écoles du pays sont de véritables cirques où les microbes s'en donnent à cœur joie, et il semblerait qu'il y ait eu une épidémie de grippe intestinale au jardin d'enfants que fréquentait Gracie. Les amis qu'elle avait invités étaient chez eux en train de dégobiller, ou alors ils avaient interdiction de sortir pour éviter tout risque de contamination.

Ensuite, il y a eu le problème de l'absence de son père. Le papa de Gracie a dû se rendre à Tucson pour une affaire urgente. Mme Perkel a roulé les yeux, ses grands yeux bleus dont sa fille a hérité, en faisant remarquer qu'il devait sûrement jouer une "partie de golf urgente" avec une bande d'avocats d'Arizona. Mais Gracie était sûre que c'était un voyage d'affaires, parce que sinon, on se demande bien pourquoi il aurait emmené sa secrétaire avec lui.

Quoi qu'il en soit, M. P. a appelé pour dire qu'il avait commandé un petit chiot, mais qu'il avait oublié le nom du magasin où il fallait aller le chercher.

— La semaine prochaine, sans faute, promit-il.

Ce fut au tour de Gracie de rouler les yeux. Elle les roula tellement que quelques larmes se mirent à couler, s'échappant vers le bas de ses joues comme des cloportes sous un tronc d'arbre.

Après la glace à la vanille (elle avait demandé chocolat, marshmallow et amandes grillées) et le gâteau au chocolat (pourquoi cinq bougies seulement ?) qu'elles partagèrent avec l'amie de sa maman qui habitait à côté, elles passèrent l'essentiel de l'après-midi à aller d'un centre commercial à l'autre – Northgate, Alderwood, elles allèrent même jusqu'à celui d'Everett, dans le nord – pour essayer de trouver un de ces téléphones portables rose néon que Gracie désirait tant. Hélas, tous les magasins étaient en rupture de stock, et il était difficile de savoir quand ils recevraient une nouvelle livraison.

De retour à la maison, Mme P. servit à Gracie une autre part de gâteau pour la consoler, puis elle sortit dans la cour pour discuter de quelque chose d'important, selon elle, avec son amie, par-dessus la clôture. Gracie était certaine que ce "quelque chose" était son papa. S'il s'était agi d'un sujet différent, un sujet que Gracie eût pu entendre sans que cela les dérange, elles auraient eu la possibilité d'en discuter au téléphone. Elle jeta alors un coup d'œil au téléphone et vit que la petite lumière rouge du répondeur clignotait.

Pensant que l'enregistrement pouvait concerner l'endroit où se trouvait le petit chiot égaré, Gracie appuya sur le bouton de lecture des messages. Effectivement, quelqu'un commença à parler, et à parler d'une voix qui étalait les mots avec un soin exagéré, comme si elle appliquait une lotion solaire sur le dos nu d'une starlette d'Hollywood, bien que par moments on eût plutôt l'impression qu'elle était en train d'extraire le venin d'un serpent. C'est vrai, Gracie n'avait pas énormément voyagé, mais à sa connaissance, il n'y avait qu'une seule personne au monde qui parlait de cette façon.

— Tenez-vous prêt pour un bulletin d'information. Un éléphant a été aperçu alors qu'il entrait dans un magasin de porcelaine. Qu'est-ce que vous pensez de cette nouvelle ? Ha ha ! Toutes mes salutations, petits Terriens. C'est Moe Babbano qui vous parle. Je me trouve au terminal des vols internationaux de l'aéroport Sea-Tac, passeport à la main. Eh oui, c'est vrai, je quitte à nouveau le pays, et cette fois-ci, je crois que je ne reviendrai pas. Alors, à mon estimé demi-frère Charlie Perkel à jamais insensible, et à son épouse, lasse, mais d'une patience à toute épreuve, la charmante Karla, je dis maintenant *adios*, et merci pour toutes les fois où vous m'avez permis de me rincer les amygdales, c'est-à-dire de boire votre bière. Mais prioritairement, ce communiqué s'adresse à la petite fille qui fête son anniversaire. Gracie, tu ne t'en souviens pas, mais alors que tu n'étais qu'un bébé, il y a six longues années, je te lisais l'encyclopédie. Cela t'aidait à t'endormir. Surtout le volume avec tous les *Z*.

“Je ne sais pas si je suis complètement gâteux avec les enfants, mais je les respecte véritablement.

Je respecte leurs sentiments et leurs pensées les plus profondes, des domaines que beaucoup d'adultes, même les parents les plus aimants, semblent trop souvent oublier. En tout cas ma petite chérie – et c'est là que je veux en venir – je ne t'ai jamais parlé avec condescendance, et je n'ai pas l'intention de commencer aujourd'hui.

“Voici les choses telles qu'elles sont. Madeline Proust et moi sommes tombés éperdument, follement amoureux. Tu verras vraisemblablement passer bien des anniversaires avant de ressentir quelque chose qui ressemble de loin à ça. En fait, il y a des gens qui ne le ressentent jamais, bien qu'ils soient assez doués pour s'abuser eux-mêmes et se faire croire qu'ils le ressentent. Je suis incapable d'expliquer cet amour, je serais incapable de te l'expliquer même si tu avais vingt-six ans, ou trente-six. Le fait que ce soit totalement irrationnel fait partie de son charme.

“Il y a une chose que je peux te dire. On est tellement dingues l'un de l'autre que le Dr Proust abandonne son cabinet médical et moi, je quitte mon appartement sur-le-champ – mais la collection de cartes postales que j'y laisse devrait compenser sans peine le loyer que je pourrais devoir à mon propriétaire –, et dans moins d'une heure, nous volerons vers le Costa Rica, où nous avons l'intention de nous installer définitivement.

“Le Costa Rica, c’est en bas, juste sous le Mexique. Avec l’aide de ta maman, tu pourras le trouver dans le volume C de cette vieille encyclopédie qui fournissait autrefois les histoires que je te lisais pour t’endormir. Ce que la carte ne te dira pas, c’est que le Costa Rica a plus fait pour préserver son environnement naturel qu’aucun autre pays au monde, et qu’il n’a pas d’armée de terre. Pas de marine de guerre. Pas d’armée de l’air. C’est difficile à croire, hein, qu’un gouvernement actuel puisse être aussi éclairé, ou qu’une population d’aujourd’hui puisse être aussi civilisée ? Comme leur gouvernement garantit aussi la gratuité des soins médicaux, et comme on peut raisonnablement penser que ces gens ne serrent pas trop fort leurs lacets, les perspectives professionnelles de Madeline sont peut-être limitées, mais bon, c’est avec la liberté individuelle, pas avec des billets de cent dollars, qu’on allume le cigare de l’âme, j’espère qu’ils t’apprennent ça au jardin d’enfants.

“Il y a encore tellement de choses à dire, Gracie, mais nous sommes sur le point d’embarquer et j’ai une Redhook à finir. Il est évident que je ne t’accompagnerai pas demain à la brasserie Redhook. Et à dire vrai, p’tit bout d’chou, je ne suis pas sûr de te revoir un jour. Quoiqu’il arrive, je veux que tu saches…

Clic. Woom-woom-woom-woom. Et puis plus rien. Apparemment, l’appareil était allé jusqu’au bout de sa capacité d'enregistrement. Il n'y avait pas d'autre message. Gracie s'éloigna du téléphone, puis se mit à errer dans la maison vide.

Dans la cuisine, elle tournait en rond, comme un chien qui cherche un endroit confortable pour se coucher. Elle avait l'impression que son petit ventre était une machine à laver réglée sur essorage. Que son cœur était un ballon en train de se dégonfler. Que son cerveau était comme ses gencives après une visite chez le dentiste.

Elle avait trop mal pour se mettre à trépigner, elle était trop en colère pour se mettre à pleurer. Pourtant, elle savait qu'il lui fallait faire *quelque chose*, sinon elle allait simplement se recroqueviller en boule et mourir.

Finalement, elle se retrouva devant le réfrigérateur. Ouvrant la porte d'un coup sec, Gracie eut sous les yeux une étagère à boissons bourrée de Pepsi et de bière. Elle tendit la main et en sortit une canette qu'elle regarda longuement. Puis elle fit sauter la languette. Ce n'était pas du Pepsi.

9

Entre les lèvres, sur les gencives,
Attention, petit estomac, elle arrive.

GLOU-glou-glou. Le liquide doré était si froid que les dents de Gracie firent un tour en traîneau. *Glou-glou-glou.* C'était si amer qu'elle sentit des poils de moufette lui pousser sur les amygdales. *Glou-glou-glou… blurp!* La bière était si pétillante qu'elle la fit roter comme un ferry-boat du détroit de Puget dans le brouillard du matin. *Glou-glou.*

Les enfants ! Écoutez-moi ! Ne vous amusez pas à faire ça chez vous. Ça risque de retourner vos parents, de retourner votre estomac et d'emmener votre cerveau dans des endroits qui, je vous le garantis, ne seront pas aussi intéressants que les endroits où le cerveau de Gracie Perkel s'est finalement retrouvé. Pour le meilleur ou pour le pire, l'expérience vécue par Gracie fut un cas particulier. Vous allez en juger par vous-mêmes. Mais d'abord…

Après avoir pratiquement descendu d'un trait la canette de bière, la petite fille de six ans resta là devant le réfrigérateur, comme si elle montait la garde devant les cubes de glace pour les protéger de bandes itinérantes de voleurs de cubes internationaux. Pour une raison quelconque, il lui semblait que son moral remontait plutôt rapidement. En fait, un délicieux sentiment d'espièglerie l'envahissait, l'enveloppait à tel point qu'elle s'empara tout à coup d'une autre canette de bière dans le réfrigérateur et puis, en poussant un cri, elle la lança sur son gâteau d'anniversaire, se mettant à rire alors que le glaçage de chocolat éclaboussait la table de la salle à manger d'un bout à l'autre.

Empruntant quelques CD de la collection de ses parents (ce qui était strictement interdit), elle les emporta dans sa chambre et glissa l'un d'eux, un album d'Aretha Franklin pour être précis, dans son lecteur. Peu de temps après, elle était en train de sauter sur son lit (également interdit), se servant d'une brosse à cheveux comme d'un micro en braillant des duos avec Aretha.

Quand le lit commença à protester trop énergiquement et sembla sur le point de s'écrouler, elle bondit à terre et se mit à se pavaner, à sautiller et à tournoyer sur elle-même, exécutant ce que l'Oncle Moe avait une fois appelé “la danse de singe de Gracie, une danse de la vie”.

Malheureusement, lorsqu'elle s'interrompit pour se reposer à la fin de l'album, elle s'aperçut que tout, autour d'elle, continuait à valser. Le lit, la commode, le bureau poursuivaient leur danse de singe et les murs tanguaient et tourbillonnaient comme un manège dans un parc d'attractions. L'instant d'après, Gracie était à quatre pattes, en train de vomir sur la descente de lit Hello Kitty en polyester ; elle n'avait même pas eu le temps d'aller jusqu'à la salle de bains.

D'une petite voix pitoyable, elle appela sa maman à l'aide, mais Mme Perkel était toujours occupée à jacasser dans la cour, et puis, de toute façon, elle aurait été furibarde comme une tronçonneuse en découvrant la raison pour laquelle sa fille était dans cet état. Alors, se servant de l'une de ses pantoufles Jeannot lapin moelleuses et duveteuses, Gracie essuya les morceaux de vomi chocolaté de ses lèvres et de son menton. Et puis, poussant un gémissement désemparé, elle se hissa sur son lit.

Comme vous le savez sûrement, notre planète tourne dans l'espace sur son axe. Mais elle tourne lentement, ne faisant qu'une rotation complète en vingt-quatre heures ; et ce n'est pas plus mal (vous ne pensez pas ?), parce que si notre terre tournait aussi vite que la chambre de Gracie semblait tourner, le soleil se lèverait ou se coucherait tous les quarts d'heure, les astronomes seraient pris de vertige comme des clowns de rodéo, et il serait pratiquement impossible d'empêcher nos boulettes de viande de rouler en dehors de notre assiette de spaghettis.

Cependant, le papier peint ralentit progressivement jusqu'à reprendre la vitesse normale de la Terre, et Gracie tomba dans un profond sommeil paisible. C'était un sommeil primitif, intemporel, libre de tout rêve agité, et elle aurait pu dormir ainsi pendant des heures si elle n'avait pas été réveillée par une sensation légère mais persistante, l'impression que quelque chose la grattait ou la tapotait juste en dessous de la gorge.

Quand elle cessa de voir trouble, elle put distinguer une sorte de petite créature ailée perchée sur le haut de sa poitrine. Au premier regard, elle ressemblait à une libellule debout sur ses pattes arrière, si toutefois on peut dire que les libellules ont des pattes arrière, mais elle faisait les cent pas et tous ceux qui ont un peu le sens de l'observation savent que les libellules ne marchent pas. Qui plus est, elle tapotait régulièrement et résolument sur le sternum de Gracie avec une patte avant – ou quelque chose qui ressemblait à une patte –, comme si elle voulait attirer son attention. Cette créature était à peine plus grande qu'une bougie d'anniversaire et elle avait des ailes translucides qui chatoyaient comme le clair de lune sur un tonneau d'eau de pluie.

Plus fascinée qu'inquiète, Gracie s'interrogea à haute voix :

— Mais qu'est-ce que c'est que ça ?

Bien évidemment, elle n'attendait pas de réponse. Bien évidemment. Alors, imaginez un peu sa profonde stupéfaction lorsque, d'une toute petite voix argentine, mais tout à fait humaine et parfaitement compréhensible, la créature lui répondit :

— Et qu'est-ce que tu crois que je suis ? Un Témoin de Jéhovah ? Est-ce que j'ai l'air d'être une éclaireuse qui vend des cookies ?

Et avant que Gracie, complètement éberluée, ait pu essayer de répondre, elle ajouta :

— Ce que je suis ? Mais la Fée de la Bière, bon sang de bonsoir !

10

Ayant dans la bouche le goût du vieux vomi, Gracie était sûre qu'elle ne rêvait pas. Se frottant les yeux, elle l'examina une seconde fois. Pas de doute, après un examen approfondi, la minuscule créature ressemblait pratiquement dans le moindre détail aux fées dont elle avait vu les images dans des livres. Vous seriez certainement d'accord. En plus de ses ailes argentées, elle (aucun doute, elle était du genre féminin) avait une longue chevelure rousse, de grands yeux brillants, un sourire mystérieux et empreint de sagesse et un corps svelte, parfaitement formé, vêtu d'un étrange tissu ample et ondoyant qui changeait constamment de couleur et scintillait comme de la poussière de diamant. Elle était pieds nus et portait une couronne crantée qui ressemblait nettement à une capsule de bouteille de bière, et elle avait également une baguette de cuir noir – l'instrument, selon toute apparence, avec lequel elle avait réveillé Gracie. La petite fille était terriblement impressionnée, c'est le moins qu'on puisse dire.

— Tu es vraiment la Fée de la Bière ?

— Oui, effectivement.

— Je n'ai jamais entendu parler d'une Fée de la Bière.

— Maintenant, si.

— Hmm. Eh bien, tu es très jolie.

— Merci.

— Tu viens d'où ?

— D'à côté.

Gracie en resta bouche bée.

— Tu vis chez les McCormick ?!

C'est là qu'était sa maman. Plus ou moins.

La fée se mit à rire.

— Pas de la maison des voisins, andouille. Je veux dire du monde d'à côté.

Gracie hocha la tête. Elle comprenait vaguement.

— Tu es venue ici comment ?

— Eh bien, par la Couture.

— La Couture ?

Gracie comprenait encore plus vaguement (ce n'est pas parce qu'une personne vient d'avoir six ans qu'elle doit tout savoir), mais elle décida de ne pas y prêter attention.

— Tu es une sorte d'ange, alors ?

— Non, non, non. Les anges ne s'occupent pas de bière. Eux, ils font dans les vins fins, le cognac, c'est ça, les anges. Ils ont tendance à être terriblement sophistiqués – et si tu veux mon avis, terriblement prétentieux et guindés. Tu ne verras jamais un ange au milieu de buveurs de bière, tu peux me croire.

— La dame qui fait le catéchisme dit que la bière est la boisson du diable.

— Ha ! Ça prouve qu'elle ne connaît pas grand-chose au vieux croque-mitaine. Pour son information, et la tienne, le diable boit des Shirley Temple*.

— C'est vrai ?

— Tu peux me croire sur parole.

— Hmm. C'est drôle. Mais *toi*, la Fée de la Bière ? Tu es la fée pour la bière ?

— Tu as fait le rapprochement, hein, dis-moi ? Disons les choses comme ça : dès qu'on consomme une quantité substantielle de bière quelque part, généralement, tu peux t'attendre à me voir voleter dans les environs.

— Et personne ne peut te voir ?

— Si. Quand ils ont trop bu, ils me voient, mais après ils ne s'en souviennent pas. Ou s'ils s'en souviennent, ils n'ont pas le courage de l'admettre. (Dans un léger bourdonnement, la fée s'envola pour atterrir sur l'épaule de Gracie.) Alors, et *toi*, petite demoiselle, qu'est-ce que tu penses de la bière ?

— Ça m'a rendue malade, dit Gracie en faisant la grimace.

* Cocktail sans alcool à base de ginger ale et de sirop de grenadine. (Toutes les notes sont du traducteur.)

— Exact. Tu as bu trop de bière, trop vite, et tu es beaucoup trop jeune.

— Quand les gens boivent trop de bière, est-ce que tu les aides ?

— Oh, si ça les rend gais et leur fait gentiment tourner la tête, il est possible que je prenne des mesures pour faire en sorte qu'il ne leur arrive rien de fâcheux, je peux rendre leur fête encore plus joyeuse, voire y participer ; mais si jamais ils deviennent agressifs, ou désagréables, ou stupides, ce qui n'est pas rare, il est plus probable que je leur botte les fesses. Crois-moi, ma petite, il n'est pas de buveur de bière endurci sur terre à qui je ne puisse pas donner un coup de pied dans le derrière.

— Et à moi, est-ce que tu vas me donner un coup de pied dans le derrière ?

La fée secoua la tête avec bienveillance en souriant.

— Non, Gracie Perkel. Tu as reçu suffisamment de coups aujourd'hui. Je suis ici pour satisfaire ta grande curiosité et pour te révéler les origines et les mystères de la bière.

— Pourquoi ?

— Disons simplement que tu es un cas à part. Bon, es-tu prête à faire un petit voyage ?

— Un voyage ? Où ? Comment ? Ma maman…

— Ne t'inquiète pas. Nous allons loin, mais nous serons de retour avant que tu aies eu le temps de dire ouf. Allez. Accroche-toi à ma baguette.

Toujours aussi obéissante, Gracie saisit la baguette entre le pouce et l'index, mais ce n'était pas facile de s'y accrocher car elle n'était pas plus grosse que la queue d'un têtard. Toutefois, elle se sentit tirée du lit. Ouah ! Doucement ! Prenant de la vitesse, son corps s'éleva vers le plafond.

— On s'tire ailleurs ! s'écria la Fée de la Bière – et à en juger par l'exubérance du hourra et du youpi dans sa voix, n'importe qui aurait pu dire que c'était l'une des expressions favorites de la Fée de la Bière.

Beer

11

PENDANT un moment d'angoisse, Gracie se dit que son crâne allait s'écrabouiller comme une pastèque contre le plafond. Elle imagina sa mère entrant dans la chambre un peu plus tard et découvrant, en plus de la flaque de vomi, la cervelle de Gracie répandue partout sur le plancher. Et puis, à quelques centimètres d'une collision frontale, elle entendit comme un *pouf!*, elle sentit un souffle d'air puissant et l'instant d'après, elle était en suspension, quelque part dans l'atmosphère. En tout cas, c'est l'impression qu'elle avait.

— Qu'est-ce qui s'est passé ? demanda Gracie, d'une voix aussi tremblotante qu'un chihuahua trempé à un feu d'artifice.

— Nous sommes passées par la Couture.

— Quelle Couture ?

— Quelle Couture ? La Couture entre la Terre et le ciel, entre le *c'* et le *est*, entre le feu et la fumée, entre le miroir et le reflet, entre le bourdonnement et l'abeille, entre l'écrou et le tour d'écrou, et ainsi de suite. Tu piges ?

En fait, pour ce qui était de piger, Gracie se situait entre le hein ? et le hmm-hmm. Si elle négligeait de le dire, c'était parce qu'elle était bien trop occupée à s'efforcer de voir de quelle hauteur elle tomberait si jamais elle lâchait la baguette de la Fée de la Bière. Et à cet instant-là, elle se rendit compte qu'elle était déjà sur le sol et qu'elle se tenait au milieu d'une étendue apparemment immense couverte d'une herbe haute, mordorée, qui ondulait au gré du vent.

Ouvrant ses minuscules bras gros comme des cure-dents, comme si elle voulait embrasser tout ce qui était en vue, la Fée de la Bière lui annonça :

— C'est ici que tout commence.

Intriguée, Gracie se trouvait entourée d'herbe, les épis pleins de graines au bout des tiges se frottant contre ses coudes comme la barbe de boucs particulièrement affectueux. (L'herbe lui arrivait aux aisselles et si elle n'avait eu que cinq ans au lieu de six, elle en aurait eu jusqu'au cou.) Cette herbe était sèche, presque cassante, et pourtant Gracie pouvait y sentir battre le cœur humide de la Terre. C'était ça que la Fée de la Bière voulait dire en affirmant que tout commençait ici ?

— Ceci est un champ de céréales, expliqua l'elfe. Un champ d'orge, pour être précise. Toute bière commence avec des grains. Il existe une bière savoureuse qui est faite à partir de blé ; les Asiatiques fabriquent une bière acceptable avec du riz, bien que cela ne soit pas ma tasse de thé, et il y a des Africains qui utilisent le millet pour brasser un breuvage qu'ils amènent au village dans des seaux, le jour de marché, et qu'ils servent encore chaud – pas vraiment plus agréable au goût, et pas moins lourd pour l'estomac non plus, j'en ai peur –, mais les grains préférés partout dans le monde pour faire de la bière, ce sont ces bons vieux grains d'orge.

Elle décrivit une boucle et atterrit au sommet d'une tige qui s'inclina très légèrement sous son poids de plume.

— Mon Oncle Moe dit qu'on fait la bière avec du houblon.

— Ton Oncle Moe raconte des tu-sais-quoi. Ou alors tu n'as pas bien compris. (La Fée pointa sa baguette en direction de Gracie.) Allez, viens, puisqu'on parle de ça, on ferait mieux de gagner notre prochaine étape.

— On s'tire ailleurs ? demanda Gracie.

La Fée de la Bière partit d'un rire de fée.

— T'es chouette, ma petite. T'es vraiment super. Bon, profites-en et regarde bien ce champ d'orge pendant que nous décollons. Tu es capable d'apprécier sa beauté rustique, j'en suis sûre, mais tu ne pourrais jamais deviner toute l'histoire et toutes les forces qui se cachent dans cette récolte ordinaire.

“Des grains d’orge trouvés près d’El Fayoum, en Égypte, se sont révélés, au cours de tests en laboratoire, être vieux de cinq mille ans. C’est-à-dire, quatre mille neuf cent quatre-vingt-quatorze années de plus que toi, petite demoiselle. Quant à savoir si l’orge (à l’origine, ce n’était qu’une espèce d’herbe sauvage) était réellement cultivée en Égypte à cette époque-là, ou si elle avait été importée de civilisations du nord plus avancées en matière d’agriculture pour servir de nourriture pour le bétail, c’est là un sujet sur lequel les savants peuvent débattre jusqu’à ce que leurs lunettes s’embuent. Un sujet plus intéressant, c’est comment les Égyptiens ont bien pu trouver la façon de transformer ce rata pour ânes, ce fourrage pour chameaux, en une boisson alcoolisée, un liquide rafraîchissant et enivrant tellement parfait qu’il a survécu et s’est étendu, devenant de plus en plus populaire au fil des siècles.

“Pour une raison quelconque, les Égyptiens de l’époque ne se contentaient pas de survivre. Ils voulaient qu’on se souvienne d’eux à tout jamais, c’est pour ça qu’ils ont construit les pyramides, mais ils voulaient aussi se sentir suffisamment gais et avoir la tête qui tourne, c’est pour ça qu’ils ont inventé la bière.

— Est-ce que les Égyptiens t’ont aussi inventée ?

— Ha ! Tu es vraiment une petite curieuse, hein ? Non, ils m’ont inventée seulement au sens où l'amour de ton papa et de ta maman t'a inventée, toi. Mais c'est une autre histoire. Il faut qu'on parte, maintenant.

Gracie n'y voyait aucune objection. La référence à ses parents lui avait fait penser à sa maison, et après cette discussion sur les Égyptiens, son Oncle Moe lui manquait encore plus. Ce genre de pensées menaçait de lui gâcher sa grande aventure le jour de son anniversaire. Mais il était inutile de s'inquiéter, car alors qu'elles s'élevaient au-dessus des terres cultivées, il y eut un autre *pouf!*, un autre courant d'air, et en un clin d'œil, la Fée de la Bière et Gracie quittèrent la lumière du soleil et l'air doux de la campagne pour se retrouver quelque part, à l'intérieur d'une salle qui était glaciale, malodorante et presque aussi vaste qu'un champ d'orge.

12

— Est-ce que tu peux deviner où nous sommes ? demanda la Fée de la Bière.

Gracie jeta un coup d'œil dans le bâtiment, laissant ses yeux s'adapter à la lumière artificielle. Pour elle, l'endroit ressemblait à une bête usine. Finalement, juste comme ça, elle s'écria :

— Costa Rica ! tout en sachant parfaitement que ce n'était pas ça.

— Remarque cet énorme tas de sacs là-bas, sur ce plateau en bois. Que crois-tu qu'il y ait dans ces sacs ?

— Euh, de la farine.

— Non.

— Du sucre.

— Pas exactement.

— Du ciment.

— Essaie encore.

— Des petits chats.

— *Des petits chats ?* Mais qu'est-ce qui te passe par la tête, ma petite fille ? Réfléchis. Où étions-nous il y a un instant ?

— En Égypte.

— Oh, pour l'amour de Dieu ! Écoute, je suis la Fée de la Bière et je peux tolérer pas mal de loufoquerie – si je n'avais pas à m'occuper d'affaires loufoques, je n'aurais presque rien à faire – mais tu t'es débrouillée pour que ta petite personne de six ans se trouve impliquée dans cette histoire de bière et je m'efforce sincèrement de t'enseigner certaines choses sur la substance à laquelle nous nous intéressons. Alors, je t'ai promis de ne pas te donner un coup de pied dans le derrière, mais si tu…

— Oh, je me souviens, maintenant ! Gracie lui adressa son sourire le plus radieux. On était dans une ferme qui cultive de l'orge.

— Hé hé ! Un champ d'orge. Félicitations. (Si vous n'avez jamais envisagé le fait que les fées puissent être sarcastiques, réfléchissez-y à nouveau.) Cet oncle, là, il ne t'a jamais dit que personne n'aime les Mademoiselles je-sais-tout ?

Sans grande conviction, Gracie essaya de se rappeler ce sage conseil, mais tout ce qui lui vint à l'esprit fut cet avertissement lancé par Moe : "Chaque fois qu'une personne se rend dans un centre commercial, elle perd un petit morceau de son âme."

La vérité, c'est que Gracie était plus intéressée par la minuscule créature ailée qui voletait à quelques centimètres de son nez que par ces nouveaux décors, intérieurs comme extérieurs, et elle avait quelque difficulté à se concentrer sur les cours de bibine. Vous réagiriez de la même façon, vous ne croyez pas ? Quoi qu'il en soit, Gracie décida d'une part de surveiller ce qu'elle disait, et d'autre part de se montrer plus attentive ; elle était donc tout ouïe lorsque la Fée poursuivit.

— OK, bon, c'est du grain d'orge – autrement dit, des *semences* – qu'il y a dans ces sacs. Cependant, entre le moment où le grain a été récolté et celui où il a été mis en sacs, on lui a fait quelque chose, on l'a modifié. L'orge a été *maltée.*

Des images de lait malté et de milk-shakes Häagen-Dazs envahirent tout de suite l'esprit de Gracie. Elle les chassa. Elle faisait de son mieux pour être une élève attentive.

— Le grain a été mis à tremper dans l'eau pendant deux jours environ pour qu'il germe plus vite ; c'est la première étape dans le développement de la semence en plante. Au cours de cette période de germination (c'est comme ça que ça s'appelle), l'amidon naturel de l'orge se décompose en un sucre plus simple dont la fonction, selon le plan de la nature, est de nourrir le bébé-plante.

Des bébés-plantes nourris au sucre ! Gracie était ravie et elle se dit que ces mots étaient mignons comme tout. Elle en couina presque.

— Oh, mais avant que ce processus n'aille bien loin, poursuivit la Fée de la Bière, avant que le grain ne germe véritablement, il est chauffé dans un four pour stopper net la germination, juste quand le sucre qui vient de se former atteint son maximum. À ce stade, c'est devenu ce que l'on appelle *de l'orge maltée*, et les sacs sont prêts à être versés dans le concasseur. Et qu'est-ce qui se passe là, à ton avis ?

— Quelque chose est concassé.

— Brillante déduction. Le grain malté est broyé en une mouture fine qui est à son tour versée dans une de ces grandes cuves d'eau en acier inoxydable, là-bas. L'eau, avec la mouture dedans, bien sûr, est alors chauffée à 70 °C.

— Ça m'a l'air plutôt brûlant.

— Simplement une journée agréable sur la plage pour un Elfe du Sucre, mais pour les humains et la plupart des autres formes de vie…

Gracie l'interrompit :

— Il y a aussi des Elfes du Sucre ?

— Aucune importance. Tout ce que tu dois savoir, c'est que sans le sucre, la bière n'existerait pas. En fait, tandis que le grain moulu cuit dans l'eau chaude, l'amidon restant est transformé par la chaleur et l'humidité en d'autres sucres plus complexes, plus élaborés que le maltose.

Voyant que Gracie semblait un peu perdue, la Fée de la Bière lui suggéra de considérer le malt comme un sucre de jardin d'enfants ou de cours préparatoire, tandis que le sucre de la cuve de brassage serait un sucre de lycée ou peut-être de première année de fac.

Gracie avait du mal à avaler cette histoire de sucre.

— Mais la bière est *amère*, objecta-t-elle.

— C'est là qu'intervient le houblon de ton oncle. Tandis que la maische cuit, et avant qu'elle ne soit filtrée pour enlever le jus sucré, des pétales de houblon ou bien des granulés de fleurs de houblon compressées (ces granulés ressemblent exactement à de la nourriture de hamster, soit dit en passant) sont versés dans les cuves. Le houblon réduit le sucre du mélange et ajoute saveur et arôme. Sans le houblon, la Redhook et la Budweiser ne seraient guère plus que de l'eau trouble sucrée.

“Bon alors, Gracie, nous avons ajouté notre houblon, mais ce que nous avons n'est toujours pas de la bière. Nous avons une cuve de liquide aromatisé que les brasseurs appellent le *moût*.

Gracie fit la grimace.

— Ouh ! Mon cousin donne du mou à son chat.

— C'est quelque chose de complètement différent.

— Bon, mais c'est quand même moche, comme mot.

— Je dois admettre que tu as raison. Le *malt*, la *maische*, le *houblon* et la *levure* ne sont pas exactement des bouffées de pure poésie non plus. D'ailleurs, le mot *bière* lui-même (qui vient du vieil anglais *beor*) n'est pas le plus musical des petits sons appartenant à un idiome élégant que la langue ait jamais fait rouler. Toutefois, comme l'a dit Shakespeare…

— C'est qui, ça ?

— Un type célèbre qui a beaucoup écrit sur les fées. Tu liras ses livres un jour. Et te connaissant, il est aussi probable que tu joues dans une de ses pièces – et que tu essaies d'attirer toute l'attention sur toi dans une scène ou deux. Shakespeare a dit qu'une rose, même si elle portait un autre nom, sentirait toujours aussi bon.

— Ça veut dire quoi ?

— Cela veut dire que si la bière avait été appelée *champagne*, *eau bénite*, ou *cyanure de potassium* elle ne serait ni plus ni moins extraordinaire. Cela veut également dire que si ton nom était Gertrude, Hortense ou Annabelle, tu serais tout aussi jolie, tout aussi sensible, tout aussi vive et curieuse – et tout aussi casse-pieds – que tu l'es en t'appelant Gracie. Bon allez, petite, on continue, et on se dépêche, bon sang !

13

IL semble assez évident que Gracie et la Fée de la Bière visitaient une brasserie. On est bien d'accord ? Dans cette brasserie, comme dans toutes les brasseries, il devait bien y avoir des hommes en train de travailler : des brasseurs affairés un peu dans tous les coins. On est bien d'accord ? Pourtant, ces hommes n'avaient pas remarqué le moins du monde la présence parmi eux d'une étrange petite fille portant une robe d'anniversaire tachée de vomi avec, sur son épaule, une “libellule” aux cheveux roux vêtue d'une robe diaphane. On est bien d'accord ? Mais comme vous êtes futés, vous avez deviné (et vous avez raison) que Gracie et la fée ne pouvaient pas être remarquées, étant invisibles pour ces hommes, puisqu'elles étaient passées de l'Autre Côté de la Couture. On est bien d'accord ?

Ou alors, si vous ne l'avez pas compris tout seul, votre grand-père vous l'a sûrement expliqué – à condition qu'il soit toujours là, avec vous, ce qui est fort possible, car votre grand-père, après vous avoir lu, pour vous endormir, tant d'histoires sur des petits trains qui parlent, des nounours en pique-nique, ou sur la vie difficile d'Abe Lincoln, des histoires qui le faisaient sûrement grincer des dents et qui faisaient tomber ses paupières comme des couvercles de cercueils, eh bien, il a dû sauter sur l'occasion de vous lire un livre qui parlait de *bière*, et il a dû être tellement enthousiasmé qu'il s'en est versé une avec de la mousse avant de commencer – et si Grand-mère n'a pas passé son temps à le surveiller, peut-être qu'il s'en est versé deux autres avant d'atteindre le chapitre 13. On est toujours d'accord ? Cela n'aurait rien d'inhabituel. C'est souvent comme ça que ça se passe avec la bière.

C'est comme ça que ça se passe avec la bière, mais jusqu'à maintenant, nous n'avons pas encore vu de vraie bière dans cette brasserie. Plus précisément, la visite s'est arrêtée juste devant les énormes cuves d'eau chaude aromatisée (fortement dans certaines brasseries, légèrement dans celle-ci) avec du malt et du houblon. (Il n'est peut-être pas inutile de mentionner à ce stade que l'eau utilisée contribue aussi à donner à la bière son caractère : par exemple, une eau dure – une eau contenant beaucoup de minéraux, comme celle que l'on a en Irlande – donne de la force à la *stout*, telle que la Guinness, tandis qu'une eau plus douce, contenant moins de minéraux, telle que celle qui a fait la réputation de la République tchèque, produit un genre de bière plus pâle, plus légère, connue dans le monde entier sous le nom de *pilsner*, ou *lager*.)

Quoi qu'il en soit, la Fée de la Bière, un brin impatiente maintenant, propulsa Gracie jusqu'à une deuxième série de récipients tout aussi énormes : les cuves de fermentation.

— C'est ici que le lapin sort du chapeau. C'est ici que le machin se mélange au bidule pour donner le trucmuche. C'est ici que la bière devient de la bière.

"L'agent transformateur, le sorcier free-lance dont l'alchimie permet de passer du moût à la bière, c'est la *levure*. Une fois que le moût s'est refroidi et a été transféré dans les cuves de fermentation, la levure est convoquée dans lesdites cuves où on la laisse tranquille pendant au moins dix jours pour qu'elle puisse accomplir la tâche que seule la levure est capable d'accomplir.

Gracie savait bien que sa mère utilisait une substance appelée levure quand elle faisait du pain, mais elle n'avait pas la moindre idée de ce qu'était cette substance (à une époque, elle croyait comprendre "le ver"), alors la Fée de la Bière dut lui expliquer :

— La levure est une plante miniature, un champignon, en fait, un cousin de ceux que l'on cueille dans les bois ; mais alors que chaque champignon est composé de nombreuses cellules, la levure est un organisme si minuscule qu'il n'a qu'une seule cellule à lui. Pour voir cette plante, il faut un microscope, mais tu n'aurais aucun mal à en trouver, puisque ces organismes flottent presque partout dans l'air ; pas seulement dans les brasseries ou dans les bois et les champs, mais dans ta maison, à la Maison Blanche, au Vatican et dans le dressing d'une star du rock. Peut-être surtout dans le dressing d'une star du rock.

Bien qu'on lui ait assuré que les levures étaient de taille microscopique, Gracie ne put s'empêcher de regarder dans l'air autour d'elle avec attention. Juste au cas où. Elle ne voulait rien rater.

— Il est possible que tu te demandes comment toute cette levure a pu se retrouver dans l'atmosphère de la planète à l'origine. (Au cas où Gracie se serait posé précisément cette question, la fée poursuivit son explication, suggérant que pendant des milliards et des milliards d'années, des spores de levure ont pu dériver dans l'espace, accidentellement ou dans un but déterminé, comme des envahisseurs amis venus d'autres planètes très éloignées.) C'est scientifiquement concevable. Elles possèdent certainement les capacités physiques nécessaires. Par conséquent, la bière n'a pas seulement un lien profond avec la terre sous nos pieds, mais aussi avec les étoiles.

Après une brève interruption pour laisser la petite fille songer aux liens éventuels entre la bière et Mars ou Vénus, les voyages dans l'espace et les petits hommes verts, la fée la ramena sur terre.

— Il y a des gens qui gagnent leur vie en cultivant des levures et en les conditionnant par dizaines de millions sous forme de pains ou de poudres. C'est cette levure que les brasseurs mettent dans le moût. Pour la levure, rien n'est aussi bon que le moût. Une levure affamée dévore le moût comme si c'était un bon repas avec steak et mousse au chocolat en dessert. Bon, en fait, pour la levure, le moût serait plutôt du genre tarte aux noix de pécan avec une boule de glace suivie d'une mousse au chocolat en dessert, parce que ce dont se délecte la levure dans le moût, c'est le sucre. Et en le digérant, la levure transforme lentement ce sucre en *alcool*. Et voilà le travail !

— C'est l'alcool qui fait que la bière est la bière, et les gens ont envie de bière parce qu'ils ont envie d'alcool.

— Oh, la bière possède bien d'autres charmes, Gracie, mais en fin de compte, tu as raison : c'est à cela que ça se résume. La levure, comme le malt, le houblon et l'eau, donne à la bière son caractère et sa saveur, mais sa principale fonction, son gagne-pain, le boulot qui permet de payer le loyer et qui la rend célèbre – de façon un peu originale –, c'est de transformer le sucre radicalement. Les gens en blouse de laboratoire appellent ce processus de transformation la *fermentation*. Le nom que lui donnent les Elfes du Sucre, là encore, c'est une autre histoire.

— Il y a aussi des Elfes du Sucre ?

— Aucune importance. Le sucre est fiable et digne de confiance ; tu peux compter sur le sucre pour apprendre aux gâteaux et aux cookies à chanter leurs douces petites mélodies, pour arborer un sourire jusqu'aux oreilles chaque fois qu'il atterrit sur ta langue et, dès que tu as le dos tourné, carier tes molaires et te faire grossir. Tout cela est prévisible. Mais une fois que la levure a fini de le faire fermenter, le sucre s'est progressivement transformé en quelque chose de sauvage et de dingue, en ce corps chimique charismatique, incontrôlable et à manier avec précaution que l'on appelle l'alcool.

“C'est l'alcool dans la bière qui t'a fait danser joyeusement, et c'est l'alcool qui t'a fait vomir. L'alcool. Il a ce pouvoir, et nous pouvons discuter tout notre saoul de ses bons et de ses mauvais côtés. Mais écoute ceci : on vend cent trente-six milliards de litres de bière dans le monde chaque année. Combien crois-tu que l'on en vendrait s'il n'y avait pas d'alcool dedans ?

La petite fille réfléchit, mais pas longtemps.

— Environ cinq litres, avança-t-elle.

14

L'Oncle Moe avait raconté à Gracie qu'une fois, dans un étrange pays lointain (c'était peut-être l'Angleterre, mais elle n'était pas sûre), il avait visité un village qui s'appelait Bœuf-à-la-Crème-sur-Toast. Elle avait bien ri, pensant qu'il racontait des bêtises. Mais maintenant, alors que depuis le sommet de la colline où la Fée de la Bière et elle s'étaient arrêtées pour se reposer, Gracie apercevait un village au fond de la vallée, elle avait le curieux sentiment que ce village était justement l'endroit auquel Moe avait fait référence. Elle était incapable de l'expliquer, alors elle garda le silence, de peur que la Fée de la Bière ne pense que c'était *elle* qui racontait des bêtises, ce que la fée aurait sûrement pensé si Gracie s'était écriée :

— Regarde, là, en bas ! C'est Bœuf-à-la-Crème-sur-Toast.

Avant de quitter la brasserie, la petite créature avait guidé Gracie dans un escalier métallique en spirale menant à une autre salle remplie d'autres cuves énormes.

— Ce sont les cuves de maturation, avait dit la fée. Une fois que la première fermentation est terminée, la bière verte est acheminée dans des tuyaux jusqu'ici où on la laisse vieillir, habituellement pendant deux semaines. Au cours de la maturation, généralement, on la filtre pour éliminer les restes de levure. Toutefois, certaines bières particulières ne sont pas filtrées, ce qui leur permet de continuer à vieillir en bouteille. Les enfants comme toi, Gracie, mieux vaut ne pas les filtrer pour les laisser vieillir, bien que certains parents et certaines institutions tentent malheureusement de filtrer les jeunes esprits qui sont sous leur responsabilité.

— L'Oncle Moe m'a dit qu'on ne pouvait faire confiance à aucune institution, dit Gracie, qui ne comprenait toutefois pas très bien ce qu'il entendait par "institution".

La Fée de la Bière hocha la tête sans répondre. Peut-être qu'elle en avait assez d'entendre parler de ce Moe.

— Le processus est pratiquement terminé, préféra-t-elle dire. (Gracie ne s'en plaignit pas, parce que la température dans la salle de maturation n'était que de 1 °C.) Tu vois cette cuve horizontale géante, là-bas, près des portes ? C'est une cuve de garde. Quand la bière a enfin satisfait à toutes les exigences du maître brasseur, elle est transférée dans la cuve de garde, prête à quitter la brasserie en tonneaux, en bouteilles ou, si c'est une bière industrielle, en canettes. Elle va voyager de par le monde, comme si elle brandissait un étendard, portant le nom de la brasserie.

— Tu veux dire, comme Re-Re-Redhook, par exemple ? demanda Gracie en se mettant à claquer des dents.

— Ça pourrait être Redhook. Ou Red Stripe, ou Red Tail, Red MacGregor, Red Horse, Redback, Red Erik, ou Red Dog. Ça pourrait être Black Dog, Laughing Dog, Sun Dog, Turbodog, Dogfish Head, Hair of the Dog…

— Je la co-connais, celle-là !

— … Black Eye, Black Gold, Black Mac, Black Butte, Blue Label, Blue Moon, Blue Heron, ou Pabst Blue Ribbon. Et puisque l'on passe les couleurs en revue, ça pourrait être Great White. Ça pourrait aussi être Lazy Boy, Beach Bum, Dead Guy, Fat Tire, Rolling Rock, Three Philosophers ou Delirium Nocturnum.

"Au Japon, ça pourrait être Kirin, Asahi Super Dry, Yebisu ou Sapporo.

Gracie connaissait aussi la Sapporo, mais elle ne dit rien.

— En Allemagne, il y en a tellement qu'il est impossible de savoir par où commencer. Et en Belgique, on compte trois cent soixante-cinq

appellations différentes, une pour chaque jour de l'année. La République tchèque...

— Et au Co-Co-Costa Rica ?

— La bière nationale, au Costa Rica, est l'Imperial, bien que je ne voie pas pourquoi tu t'intéresses à ce pays miniature. Bon, ça suffit avec les noms. On pourrait continuer toute la journée.

Elle avait conduit Gracie jusqu'au quai de chargement, où les camions de livraison allaient arriver pour charger les tonneaux et les casiers de bouteilles. Sur le quai, il y avait une tache de soleil, comme une flaque de bière blonde, où Gracie alla se placer. Ses mâchoires cessèrent de battre la mesure.

Voletant comme un modèle réduit d'hélicoptère, du genre appareil de sauvetage pour coccinelles blessées, la fée annonça, le visage très sérieux, que le moment était venu "d'apprendre la vérité de la bière".

Gracie, qui s'était montrée particulièrement attentive à toutes ces cuves, ces tuyaux et tous ces ingrédients, fut surprise et resta interdite.

— Mais, j'ai déjà appris...

— Non, non. Tu as appris quelque chose sur la chimie de la bière, la technologie du brassage, c'est vrai, mais une brasserie ne nous en dit pas plus sur la bière qu'une fabrique de chaussures ne nous en dit sur la danse.

— Moi, je danse en baskets, dit Gracie spontanément.

— Bon. Mais le sujet, c'est pas les baskets, dis-moi ?

— Non, parce que, parfois, je danse pieds nus.

— Est-ce que tu dirais que tu danses parce que tu es joyeuse et que la tête te tourne ?

— Je ne sais pas. Je pense que oui. Mon oncle Moe dit que quand je danse, je ressemble à un singe en extase.

— T'es pas la seule, ma petite… t'es pas la seule. Quand des gens civilisés dansent, ils rétablissent un lien avec leur vieille nature animale. Ça leur rappelle qu'ils ne sont pas des pions mécaniques sur un échiquier, ni des arbres enracinés dans le sol, mais des vagues de chair coulant librement et aux possibilités immenses.

Le regard de Gracie était aussi vide qu'un ordinateur qui vient de planter ; qu'une pataugeoire vide ; qu'une chouette empaillée ; ce qui fit dire à la fée :

— Bon, assez parlé de danse. Notre sujet, c'est la bière. Si la bière est supérieure à la somme de ses parties, si la vérité de la bière dépasse les limites de la brasserie, où allons-nous la trouver, et pourquoi devrions-nous nous en préoccuper ?

Immédiatement après avoir posé cette question, la Fée de la Bière avait pointé sa baguette en direction de Gracie qui l'avait automatiquement saisie. En quelques minutes, ou peut-être même quelques secondes (*pouf! zoum!*), la brasserie fut hors de vue et elles se trouvèrent toutes deux assises dans l'herbe, au sommet d'une colline dominant d'un côté des champs d'orge mûre qui s'étendaient au loin comme des golfes de miel hérissé de poils, et de l'autre, un village qui aurait pu être Bœuf-à-la-Crème-sur-Toast, mais qui aurait aussi bien pu ne pas être ça.

15

C'ÉTAIT chouette d'être à nouveau dehors. La journée restait bien ensoleillée, même si là-bas, sur l'horizon, se traînait un gros nuage irrégulier de la couleur des ecchymoses qui décoraient les tibias de Gracie chaque fois qu'elle jouait au foot.

Quand vous regardez le ciel, est-ce que la forme de nuages particuliers vous fait penser à des animaux, à des meubles ou à des objets divers ? Vous n'êtes pas les seuls. Gracie, par exemple, se dit que ce nuage bleu-noir ressemblait à une clocharde, parce qu'il était tout effiloché, flasque, lent et qu'il avait l'air sale, avec de temps en temps des boursouflures plus sombres de pluie en suspens qu'on pouvait voir, peut-être, comme des diamants enfouis dans une poubelle ou des paquets de sous-vêtements de clocharde. Elle imagina le soleil en train de donner à ce pauvre nuage une petite aumône pour qu'il puisse se payer une tasse de café – ou simplement s'en aller.

L'espace d'un bref instant, Gracie se demanda si ce nuage passait pesamment au-dessus de Seattle, là-bas, tout au loin, et elle ressentit un pincement au cœur. Cependant, on ne pouvait pas vraiment qualifier cet élancement de "nostalgie", tout au moins pas comme on l'entend habituellement.

Tournant le dos au nuage, Gracie dirigea son regard vers le village accroché au bord d'une rivière, au fond de la vallée. Une sorte de kermesse y battait son plein et les rues pavées étaient bondées de bruyants fêtards. Il y avait des jeux de carnaval et de la danse. Des drapeaux claquaient au vent et des saucisses fumaient sur le grill. La musique qui montait jusqu'en haut de la colline était un air de polka, un genre de musique auquel Gracie n'était guère habituée et qui lui sembla plus qu'un peu loufoque.

Elle vit beaucoup de monde attablé dans des jardins de tavernes, tandis que des serveurs en longs tabliers blancs n'arrêtaient pas d'aller et venir entre le bar et les tables, portant des plateaux chargés de chopes débordant de mousse. Il était évident que l'on consommait de grosses quantités de bière et que l'on en renversait pas mal également. Les anguillules du vinaigre devaient être de sortie.

La Fée de la Bière observait également cette activité et au bout d'un moment, comme si elle sentait qu'elle devrait poursuivre son enseignement, elle déclara :

— La bière plonge ses racines dans les Quatre Éléments. Tu connais les Quatre Éléments ?

Ce sont la Terre, l'Air, le Feu et l'Eau. Ensemble, ils forment la base de ce que certains aiment appeler le monde réel.

"L'orge et le blé poussent dans la Terre, bien sûr. Le grain est chauffé pour donner le malt, et la maische est cuite : c'est là que le Feu intervient. Pour ce qui est de l'Eau, c'est un jeu d'enfant, la bière étant essentiellement de l'Eau améliorée.

L'elfe marqua un temps d'arrêt, ce qui incita Gracie à demander :

— Et l'éléphant Air ?

C'était renversant de voir à quel point elle était devenue attentive.

— Eh bien, l'Air est dans les bulles. Dans la gazéification. Tu apprendras à l'école que l'Air que tu inspires est de l'oxygène et l'Air que tu rejettes est de l'oxyde de carbone. Ce sont des bulles d'oxyde de carbone – du gaz carbonique – qui font pétiller la bière et qui chatouillent l'intérieur des joues de délicieux picotements et aussi, bien sûr, qui nous font roter. Une certaine gazéification s'effectue naturellement pendant que la bière fermente, mais certains brasseurs ajoutent ensuite du gaz carbonique dans les cuves de garde pour produire une bière plus pétillante.

Mince alors, je croyais qu'on en avait terminé avec les leçons de brassage, pensa Gracie. Elle essaya en vain de réprimer un bâillement.

— Il y a une chose que tu n'apprendras jamais à l'école, ni dans une brasserie, poursuivit la Fée de la Bière en collant le bout de sa baguette entre les deux yeux de Gracie, c'est qu'il existe un Cinquième Élément. Tout à fait; un autre composant de base de la réalité, qui est aussi nourrissant que la Terre, aussi changeant que l'Eau, aussi invisible que l'Air et aussi dangereux que le Feu.

Rien ne vaut le mot *dangereux* lorsqu'il s'agit de susciter l'intérêt: il est irrésistible pour les jeunes garçons et effrayant pour la plupart des jeunes filles, bien que pas nécessairement pour celles du genre de Gracie Perkel.

— C'est quoi? demanda-t-elle.

La fée hésita. Une petite brise fit bruisser ses ailes minces comme des feuilles de papier.

— Ce n'est pas facile à dire. (Elle marqua un autre temps d'arrêt.) Il faut que tu comprennes, je ne le qualifie d'élément que parce qu'il n'entre dans aucune catégorie, végétale, animale, ou minérale. Il ne se plie pas aux lois de la physique et il montre ses fesses aux règles de la logique, exactement comme nous l'avons fait toutes les deux aujourd'hui, en fait, bien qu'apparemment tu aies pris cela avec sérénité. De quoi s'agit-il? Certaines personnes appellent cela la *transcendance*, d'autres l'appelaient autrefois la *magie*… avant que ce mot ne soit complètement usé.

“C’est un mélange d’amour pur, de liberté illimitée et de connaissance instantanée, spontanée de tout ce qui est passé, présent et à venir – le tout roulé dans une sorte d’enchilada invisible dans un drap de fantôme, que l’on peut sentir régulièrement, goûter occasionnellement, mais rarement mâcher et jamais, au grand jamais, digérer. Dis, c’est pas la peine de faire la grimace. Je t’ai dit que ce ne serait pas facile.

“Il y a ceux qui le considèrent comme un souffle d’énergie divine, trouvant son origine au Ciel, peut-être, ou dans un Autre Monde. Il y a aussi des gens qui se contentent de dire que c’est le *Mystère*, et je suppose que ce terme n’est pas plus mauvais qu’un autre, bien que j’aurais plutôt un petit penchant pour le musicien de jazz qui, dans un contexte différent, l’a un jour appelé *hi de ho**.

Gracie produisit une moitié de rire. La moitié du haut. Sans savoir pourquoi.

— *Hi de ho*, dit-elle.

Et puis elle le répéta.

— Les gens sont attirés par le Mystère, dit la fée qui se corrigea immédiatement. Non, pas simplement attirés, ils sont inconsciemment poussés vers lui, ils éprouvent un désir ardent pour lui, ils brûlent

* Cab Calloway et la chanson *Hi de ho* qui a fait sa gloire. Le Hi de ho est une manière de chanter, utilisant des onomatopées plutôt que des mots et qui, selon certains, devrait beaucoup au scat de Louis Armstrong.

d'entrer en contact avec lui, de s'en rapprocher, et même de se fondre en lui.

— C'est vrai ?

— C'est vrai, et il en a toujours été ainsi, même si, comme je l'ai dit, cette aspiration est profondément enfouie et, pour l'essentiel, inconsciente.

— Mais c'est quoi ?

— Si on pouvait dire ce que c'est, ce ne serait plus le Mystère, n'est-ce pas ? Quand tu es devant ta fenêtre et que tu plonges ton regard dans la bruine et la brume, tu n'as pas parfois l'impression qu'il y a autre chose dans la vie que ce que représentent la télévision, le centre commercial, le jardin d'enfants et même ta famille ? Qu'il y a quelque chose de plus grand, de plus étrange, de plus vivant, plus libre et plus réel que ce que peut offrir n'importe quelle situation ordinaire ? Quelque chose qui va bien *au-delà* ? Et que cette chose te fait signe, t'appelle, bien que ne connaissant pas ton nom, ton adresse, ton âge, et se fichant éperdument de savoir si tu t'es lavée derrière les oreilles ou si tu as fini tes petits pois ?

— Je crois que oui.

— Plus tu vieillis – et il est bon de t'en souvenir le jour de ton anniversaire, Gracie – plus il devient difficile de se connecter au Mystère. Pourtant, les adultes ont toujours soif de cette connexion, de cette alternative à la réalité non satisfaisante que les hommes ont construite et dans laquelle ils se sentent enfermés comme dans des oubliettes.

“Alors, ils ont recours à toutes sortes de choses – dont quelques-unes sont éclairées, beaucoup sont destructrices, la plupart sont inefficaces et certaines tout simplement stupides – qui pourraient leur apporter une ou deux bouffées d'air hors de cette prison. Dans une certaine mesure, cela explique l'attrait pour la bière.

— Elle les libère ?

— Eh bien, elle desserre temporairement les liens qui les attachent au monde stressant du travail et de la responsabilité.

— C'est comme desserrer des lacets trop serrés ?

— Exactement. C'est pas bête, ça, ma petite. Comment tu fais pour trouver des choses comme ça ?

Gracie rougit.

— *Hi de ho*, dit-elle.

Peut-être fatiguée de rester assise, la Fée de la Bière monta en flèche dans les airs, où elle réalisa un triple looping acrobatique à quelques centimètres du nez de Gracie. Mais ce n'est pas pour autant qu'elle avait fini son discours.

— Que les choses soient claires, dit-elle tout en voletant, la bière ne fait pas partie intégrante du Mystère et elle n'y est même pas reliée directement. Non, non. La bière n'est qu'un véhicule.

“En de rares occasions, et pour de très brèves périodes, ce véhicule peut transporter une personne au-delà de cet état où on se sent gai et où on a la tête qui tourne (et moi je suis à 100% pour la gaieté et la tête qui tourne, tu vois ; la gaieté et la tête qui tourne, c'est mon domaine), il peut les faire passer par une ouverture *entre* la gaieté et la tête qui tourne…

— C'est comme le trou du lapin et le Pays des Merveilles pour Alice ?

— C'est beaucoup plus petit que ça.

— Comme un trou de souris ?

— Plus petit. Ça serait plus comme une fêlure dans un œuf de criocère des céréales.

— Ah.

— La bière, si c'est juste la bonne quantité – surtout pas trop, mais pas trop peu non plus – peut à l'occasion faire passer une personne par cette fêlure et la transporter assez près des portes du Mystère pour qu'elle puisse jeter un coup d'œil à l'intérieur – un coup d'œil rapide, mais suffisant pour goûter à l'extase.

— Ça ressemble à quoi ?

La fée sourit et fit tourner ses ailes.

— À tout. Et à rien. Les deux en même temps. À quoi ressemble le courant électrique à l'intérieur de tes atomes ? À quoi ressemblent “à tout jamais”, le “rire” et la “liberté” ? C'est le visage que tout le monde partageait avant de naître et c'est la plaisanterie que tout le monde finira par goûter après la mort. C'est le sens du sens, l'autre que rien n'excède, le phénomène qui n'a pas d'équivalent plus phénoménal.

Tandis que Gracie essayait vainement de se représenter une telle chose, sa petite guide ajouta :

— Mais attention. Si l'on considère la bière comme un véhicule, on a intérêt à garder présent à l'esprit que c'est un moyen de transport peu fiable. C'est une très vieille carriole, en fait, un chariot poussé et tiré par des forces oubliées, par des esprits agrestes, les antiques esprits du grain et de la terre. C'est un chariot, ma chère, qui peut facilement faire une embardée et quitter la route.

Bon, les enfants, si votre grand-père n'a pas déjà renoncé pour aller regarder un match de base-ball à la télé, il est fort possible qu'il saute cet épisode, pensant que vous ne pouvez certainement pas apprécier toute cette histoire de Cinquième Élément, de magie, d'antiques esprits du grain et tout le reste.

Mais il a tort, non ? Parce que presque tous les enfants entre les âges de, disons, trois et douze ans (ainsi que quelques veinards beaucoup plus âgés) semblent pour le moins vaguement conscients de l'existence d'une autre réalité : un Autre Monde, magique, à demi familier qui, même s'il est menaçant et effrayant, les ravit et les nourrit davantage que cette réalité à laquelle la société adulte moderne voudrait leur faire croire. Vous n'êtes pas d'accord ? Et vous ne pensez pas que maintenant ce serait le moment d'encourager les papys à s'ouvrir une autre petite mousse ?

En tout cas, avant que la fée n'ait eu le temps d'en dire plus (si toutefois telle était son intention), Gracie et elle sursautèrent en entendant des cris perçants et des pleurs. Tournant la tête, elles virent une jeune femme terrifiée, grimpant le versant de la colline en s'aidant de ses mains, poursuivie de très près par deux hommes ricanants, essoufflés et titubants, qui, de toute évidence, étaient animés de mauvaises intentions.

16

Alors que la jeune fille, le regard égaré, les genoux en sang, se rapprochait du sommet de la colline en hurlant, la Fée de la Bière n'hésita pas un instant. Comme une balle rousse avec le feu aux fesses, elle se propulsa sur le plus proche des poursuivants. Elle tourna autour de sa tête et lui enfonça sa baguette dans l'œil, puis dans l'oreille, puis à nouveau dans l'œil. Elle n'arrêtait pas de tournoyer autour de sa tête en bourdonnant, faisant bruire ses ailes et utilisant sa baguette comme une épée.

Le type crut probablement qu'il avait dérangé un nid d'abeilles géantes particulièrement agressives. Maudissant l'espèce entière et le diable qui l'a sûrement créée, il donnait des coups furieux en direction de la fée qui continuait à tourner autour de sa tête à une telle vitesse qu'il ne pouvait la voir distinctement. Elle lui enfonça sa baguette dans une de ses narines. Il s'ébroua. Elle la lui plongea dans l'oreille. Il se mit à glapir. Pivotant sur lui-même, il eut bientôt la tête qui lui tournait, mais pas vraiment de joie. Le fait qu'il ait été saoul au départ n'améliorait pas la coordination de ses gestes.

Toutefois, l'un de ses coups dans le vide finit par rencontrer sa cible. C'était un garçon de ferme, du genre solide gaillard, et la force de son coup envoya violemment le délicat lutin culbuter sur le gazon. Étourdie, la petite créature resta étendue dans l'herbe, la respiration coupée, la couronne de travers, et avec une terrible douleur dans le dos.

Pendant ce temps, la jeune femme avait atteint le sommet de la colline où elle trébucha et s'affala, permettant à son second agresseur de la rattraper. Avant qu'elle n'ait pu se remettre debout, il l'avait saisie brutalement par le poignet. Bien qu'à bout de souffle, il ricanait et roucoulait une sorte de babil délirant.

Gracie savait qu'elle devait faire quelque chose – mais quoi ? Tout d'abord, elle ne se souvenait plus de quel côté de la Couture elle se trouvait. Elle pensait qu'après leur départ de la brasserie, elles étaient revenues de Ce Côté-ci, mais elle n'en était pas sûre. Et si ce n'était pas le cas, ni l'agresseur, ni sa victime ne pouvaient la voir ou l'entendre.

Ne sachant trop comment procéder, elle s'élança sur le voyou complètement ivre et, prenant sa voix la plus grave (qui n'était pas beaucoup plus grave que le crissement d'un grillon nerveux), elle hurla :

— Arrête ! Laisse-la tranquille, espèce d'abruti !

La fripouille ne relâcha pas la femme hystérique, mais son ricanement laissa la place à une expression de grande surprise. Que faisait cette enfant ici ? Apparemment, il avait parfaitement vu et entendu Gracie, et il regardait aux alentours avec un certain affolement, se demandant si elle était ou non accompagnée d'adultes.

Au début du mois de septembre, M. Perkel avait été l'entraîneur de la petite équipe de foot de Gracie – c'était avant qu'un groupe de mamans de joueuses de l'équipe se soient liguées contre lui pour le virer – et il n'avait cessé d'entraîner sa fille à effectuer ce qu'il appelait "le coup de pied de l'avocat". Cela consistait à donner un coup de pied sur la jambe d'une adversaire, suffisamment fort pour la faire tomber et l'obliger à quitter le terrain, et si c'était fait en douce, généralement l'arbitre ne remarquait rien et ne sifflait pas faute. Pour Gracie, c'était un sale coup et elle n'avait jamais essayé de le faire, mais elle s'en souvenait très bien.

Le coup de pied de l'avocat fut appliqué au tibia de cet homme avec toute la force que pouvait donner l'indignation d'une enfant de six ans.

— Hai dozo ! hurla Gracie en donnant le coup, imitant un cri qu'elle pensait avoir entendu dans un film sur les arts martiaux. Allez Tokyo ! cria-t-elle en donnant un autre coup de pied.

Rendu déjà peu stable par l'excès de boisson, l'agresseur perdit l'équilibre et mit un genou à terre, sans toutefois lâcher prise. C'est alors que Gracie lança :

— Sapporo ! Chop suey ! en frappant à nouveau.

Cette fois, le coup porta accidentellement plus haut. Beaucoup plus haut.

Pendant quelques secondes, la brute ivre sembla vouloir aspirer tout l'oxygène de la campagne environnante. Il se mit à haleter. Puis à gémir. Puis il se roula sur le côté. Et comme il était juste au bord de la crête de la colline, il continua bien malgré lui à rouler. Il dévala ainsi plus d'un tiers de la pente avant d'être arrêté dans sa chute par un buisson de genièvre. Il resta étendu là, apparemment peu pressé de se relever.

Tandis que se déroulaient ces événements, la fée massait sa colonne vertébrale tout endolorie et essayait péniblement de se remettre debout en faisant fonctionner ses ailes froissées. Elle renonçait à se faire passer pour une abeille de film d'horreur. À partir de maintenant, elle laisserait ce genre d'attaque vrombissante aux frelons. De sa position assise, elle pointa sa baguette sur le lourdaud qui l'avait frappée. Il paraissait hésiter quant à la direction à prendre, et son regard passait de la jeune fille qui sanglotait à quelques mètres au-dessus de lui à son ami qui était étendu, immobile, plus bas sur le versant de la colline. La fée visa soigneusement. Elle tira un seul rayon de bière ambré sur l'endroit situé derrière les yeux du lourdaud, là où son cerveau était censé se trouver.

C'était un rayon qu'elle avait utilisé d'innombrables fois auparavant pour mater des marins querelleurs, des supporters de foot déchaînés et des membres de fraternités odieux ; elle aurait dû y avoir recours plus tôt en cette occasion, mais elle avait été tellement furieuse et bouleversée qu'elle en avait perdu son calme. Lorsqu'il atteignait sa cible, le rayon de bière avait la particularité de provoquer instantanément une augmentation du taux d'alcool dans le sang de l'individu qui avait abusé de la dive bouteille, de telle façon que ses petites lumières intérieures se mettaient à clignoter, ses rideaux à se refermer et son horloge à sonner minuit. Eh bien, ce garçon de ferme, une fois touché par le rayon, fit quelques pas en arrière en titubant avant de redescendre la pente, tout chancelant, comme un aveugle, et de s'effondrer, sans connaissance, près de son compagnon.

La fée vola, si toutefois on peut utiliser ce mot pour désigner son déplacement cahin-caha jusqu'à Gracie (on aurait dit une variété de mouche à popcorn prisonnière d'une machine à souffler le maïs), et atterrit avec une maladresse inhabituelle sur l'épaule de la petite fille. En silence, elles regardèrent toutes deux la jeune femme descendre le versant opposé de la colline, se déplaçant aussi vite qu'elle l'osait tout en prenant garde à ne pas trébucher. Elle semblait se diriger vers une ferme nichée entre deux champs d'orge dans le lointain.

— C'est sûrement la ferme de ses parents, dit enfin la fée. Cette jeune fille est dans un état ! Ses parents vont penser qu'elle a bu trop de bière à la fête et ils vont l'envoyer au lit en la privant de strudel.

Gracie se préparait à lui faire remarquer à quel point cela serait injuste, lorsque soudain la Fée de la Bière l'embrassa. (Il est probable que vous ne soyez jamais embrassé par une fée de toute votre vie, mais si cela vous arrive, vous le saurez, et c'est un baiser que vous chérirez pour le reste de vos jours.)

— Tu as été très courageuse, ma petite, dit la fée. Vraiment très courageuse.

— Merci, dit Gracie. *Hi de ho*.

— Je voudrais te montrer quelque chose, cœur vaillant. En ville, là, en bas.

— Tu veux dire à Bœuf-à-la-Crème-sur-Toast.

Puisqu'elle était si brave, Gracie se dit qu'elle pouvait bien le dire. Elle montrerait à sa guide minuscule que non seulement elle avait du courage, mais qu'en plus elle connaissait la géographie.

La fée parut perplexe.

— De quoi diable veux-tu parler, mon enfant ?

— Du nom de la ville : Bœuf-à-la-Crème-sur-Toast.

— Tu plaisantes ? J'aimerais bien savoir qui a déjà entendu parler d'un tel endroit. Le nom de cette ville, là, c'est Menton-le-Boutonneux.

— Beuh !

Si l'on considère que six ou sept ans plus tard Gracie allait probablement devenir elle-même boutonneuse – tout comme vous, si vous ne l'êtes pas déjà –, sa réaction n'était pas vraiment appropriée.

17

— SUPPOSONS, par exemple, dit la fée qui montrait des signes de plus en plus évidents de rétablissement après le coup qu'elle avait reçu, qu'un avion de ligne survole Menton-le-Boutonneux, en direction, disons, de Seattle.

Automatiquement, Gracie regarda vers le ciel. Elle vit des hectares de bleu, un soleil qui déclinait petit à petit, et un coude de lune blanc et maigrichon, mais pas d'avion. C'était juste un exemple.

— Et supposons, continua la sylphide, qu'il y ait à bord de cet appareil une passagère qui se rend à Seattle pour assassiner son frère dans le but de lui prendre sa part d'héritage. À bord de ce même vol, il y a une autre femme, médecin, éminente spécialiste, qui se rend à Seattle pour pratiquer une opération qui va sauver la vie d'un bébé.

"L'avion lui-même n'est ni bon ni mauvais, n'est-ce pas ? C'est un véhicule, un objet neutre, indépendant, un peu comme un couteau que l'on peut utiliser pour éplucher des navets dans un orphelinat ou pour couper les oreilles d'un individu. Beaucoup de choses sont comme ça dans la vie, y compris, et peut-être surtout, les croyances religieuses et les opinions politiques des gens – mais ça, c'est un sujet que l'on garde pour plus tard. Ce dont tu dois te rappeler pour le moment, c'est que les choses sont rarement toutes noires ou toutes blanches. Parfois même, elles sont les deux à la fois.

La fée regarda si Gracie comprenait ce qu'elle disait. À nouveau, elle lui montra le village de Menton-le-Boutonneux.

— Tu viens de voir comment la bière peut favoriser une conduite ignoble. Si on est grossier, la bière peut nous rendre encore plus grossier ; si on est un cochon, elle peut nous rendre encore plus sale ; si on est méchant, elle peut nous rendre encore plus méchant ; si on est plus stupide qu'on en a l'air... bon, tu vois ce que je veux dire. La bière peut inciter des hommes faibles à se croire forts, et des femmes qui s'expriment vulgairement à s'imaginer qu'elles sont amusantes et dans le coup. Pire, si on a le malheur d'avoir une nature dépendante, elle peut provoquer cette grave maladie qu'est l'alcoolisme.

"D'un autre côté, tu as appris que, chaque jour, la bière aide des millions de gens à se sentir gais et à avoir la tête qui tourne, et exceptionnellement à s'approcher du Mystère. (Elle marqua un temps d'arrêt, comme pour réfléchir.) Tant que des individus chercheront à entrer en contact avec le Mystère – peu importe s'ils s'y prennent d'une manière peu judicieuse ou peu raffinée –, je suppose qu'il y aura de l'espoir pour l'espèce humaine.

Marquant une nouvelle pause, comme pour laisser le temps à ses paroles de faire leur chemin, la petite fée indiqua un bout du village.

— Autre chose. Tu vois ce bar à bière sous la charmille, tout près de l'eau ? Oui ? Est-ce que tu distingues le soldat en uniforme assis tout seul au bar, le regard fixé sur la rivière ? Au coucher du soleil, il est censé rejoindre son régiment, et ils vont se mettre en mouvement dans la nuit pour prendre part à une bataille sanglante dans quelque stupide guerre qui, en fin de compte, ne bénéficiera à personne, si ce n'est aux riches et aux puissants, et encore, ce n'est même pas sûr. Ce soldat a songé à déguerpir, mais la peur l'en a empêché.

"Bon, maintenant, tu vois cet autre gars maladroit, plein d'hésitation, qui vient de s'approcher d'une table de jeunes femmes pour en inviter une à danser ?

Gracie le vit effectivement, tout en jetant de furtifs coups d'œil vers le ciel, au cas où elle verrait cet avion.

— Ce type est désespérément amoureux. Il voudrait demander à la jeune fille de l'épouser, mais il est trop timide et jusqu'à présent il n'a pas pu aborder cette question.

Alors qu'elles avaient le regard fixé sur la scène du bar sous la charmille, le soldat descendit nonchalamment de son tabouret et se dirigea très lentement, en faisant des détours, jusqu'au bord de la rivière. Regardant régulièrement par-dessus son épaule, il s'assura que personne dans la foule bruyante ne lui prêtait attention, il enleva ses bottes et se glissa dans l'eau ; il s'y glissa si doucement qu'il ne provoqua pratiquement pas de clapotis. Puis il nagea sans être vu jusqu'à l'autre rive où la forêt était dense.

Pendant ce temps, l'homme timide avait emmené sa bien-aimée à l'écart de la piste de danse, dans un coin relativement tranquille, près de quelques rosiers. Il avait mis un genou à terre devant elle.

— Tu vois, dit la fée, la bière a suffisamment dissipé la peur de ces hommes pour leur permettre d'agir. Bon, nombreux sont ceux qui appelleraient cela "un faux courage", et ils pourraient bien avoir raison. Mais il y a des moments, et je pense que tu seras d'accord avec moi, où un faux courage vaut mieux que pas de courage du tout. Au moins, demain matin, ce soldat se réveillera vivant là où il est parti se cacher dans la forêt, au lieu d'être étendu, fauché comme un épi d'orge sur le champ d'une bataille absurde que tout le monde aura bien vite oubliée.

“Et avant Noël, l’autre homme conduira à l’autel la fille qu’il adore, au lieu de pleurnicher tout seul dans sa chambre vide tandis qu’elle se marie avec un autre soupirant peut-être moins digne.

Gracie était emballée par tout ce drame. C’était comme à la télé. Et grâce à la fée, il y avait même de la pub pour la bière.

— Le courage est là où on le trouve. Cela dit, je dois admettre que la bravoure que l’on puise dans une bouteille – ou dans un livre ou un sermon, d’ailleurs – ne possède pas toute la force et la pureté de la bravoure qui vient directement du cœur. Celle dont tu as fait preuve venait de ton cœur, Gracie. J’ai été vraiment impressionnée.

— *Hi de…*, commença Gracie, mais avant qu’elle puisse prononcer le “*ho*”, la Fée de la Bière l’interrompit :

— Je veux que tu me promettes que tu seras toujours aussi courageuse, que lorsque des exploiteurs déguisés en fonctionnaires offriront de te protéger de dangers montés en épingle, tu leur tourneras le dos et tu t’éloigneras en courant. Promets-moi que tu n’auras pas peur de voyager, ni peur des gens différents de toi, des araignées, des chauves-souris, des brutes, des dentistes, des avocats, de la pression sociale, du mauvais goût, du qu’en-dira-t-on, de l’insécurité, des Elfes du Sucre…

— Pourquoi les Elfes du Sucre devraient-ils… ?

— Aucune importance. Que tu ne trembleras pas devant de vieux messieurs couverts de titres, et surtout, que tu n'auras jamais peur d'aimer, même si le risque existe que tu ne sois pas aimée en retour.

Gracie acquiesça timidement de la tête.

— Est-ce que tu es une phil... une phil... une philpotosophe? demanda-t-elle, pensant de toute évidence à l'Oncle Moe.

Sa minuscule instructrice se mit à rire.

— Une philosophe? Non, pas moi, ma petite. Je ne suis qu'une Fée de la Bière universelle bien ordinaire.

— Mais, dit Gracie en fronçant les sourcils à hauteur de deux rides, ils sont en train de boire beaucoup de bière, là en bas, à... à Toast-le-Boutonneux. Pourquoi tu n'es pas avec eux?

— Je suis avec eux.

Ayant anticipé la confusion de Gracie, la fée la laissa s'inquiéter un instant avant d'ajouter:

— Je suis présente à la fête de ce village, et je suis dans une autre fête de la moisson plus loin sur la rivière, à Crotte-sur-Ardoise. Je suis dans une dizaine de tavernes tapageuses en Alaska, dans une centaine de pubs en Irlande, à un pique-nique improvisé dans l'Ohio, à l'inauguration d'une usine en Corée, etc. Et je suis aussi complètement et totalement ici avec toi. C'est comme ça avec les créatures comme moi. Je peux être dans de nombreux endroits en même temps. Et maintenant, je dois me trouver ailleurs – et toi aussi.

Elle glissa adroitement sa baguette entre les doigts de Gracie, qui eut droit à un autre *pouf!*

En un éclair, Gracie se retrouva étendue sur son lit, chez elle. Elle regarda, presque étonnée, son décor familier. Curieusement, son horloge Hello Kitty indiquait qu'il ne s'était pas écoulé plus de dix ou douze minutes depuis la dernière fois qu'elle y avait jeté un coup d'œil. La flaque de vomi brillait toujours avec éclat sur le tapis.

Non, elle n'avait pas rêvé, au cas où c'est ce que vous penseriez. La Fée de la Bière était là, avec Gracie, perchée sur sa poitrine.

— Promets-moi encore une chose, dit la fée. Tu ne dois plus boire de bière avant tes dix-huit ans au moins. Et jamais, mais vraiment jamais, boire et conduire.

Le fait de s'imaginer au volant d'une voiture parut si comique à la petite fille que cela la fit rire tout haut. Elle accepta tout de même de donner sa promesse et juste à ce moment-là, elles entendirent des pas dans l'escalier.

— Je m'tire ailleurs ! s'exclama la Fée de la Bière.

Elle voleta jusqu'à l'oreille de Gracie pour y murmurer quelque chose, puis, comme dans un éclair (ou plutôt dans un *pouf!*), elle fusa vers le plafond et disparut.

Mme Perkel se tenait à la porte.

— Gracie, tu es là ? Qu'est-ce qui est arrivé à ton gâteau ? Mais qu'est-ce qui sent si mauvais ici ?

18

Bon, eh bien, les garçons et les filles, en admettant que vous ayez bien suivi, maintenant vous savez tout ce qu'il y a à savoir au sujet de la plus populaire des boissons pour adultes. C'est vrai, nous n'avons pas étudié d'un point de vue scientifique et dans le détail les effets physiques de la consommation de bière sur le cerveau, l'estomac et le foie. Si vous éprouvez vraiment le besoin d'en être informés, vous pouvez toujours en parler à votre pédiatre – mais ne soyez pas surpris s'il vous regarde d'un drôle d'air. Il y a des chances pour qu'il vous regarde bizarrement même s'il est irlandais.

Encore une chose. Au cas où vous n'auriez rien d'autre à faire que vous plonger dans l'étude des origines de la bière, vous allez tomber sur des historiens qui affirment que la bière a été inventée par les Sumériens, dans ce qui est aujourd'hui l'Irak, des siècles avant d'être fabriquée par les Égyptiens. La Fée de la Bière reconnaît que les Sumériens ont bien fait fermenter une boisson à base de grains,

mais elle pense qu'il serait exagéré d'appeler cette lavasse de la bière. Et la Fée de la Bière est bien placée pour savoir tout ça.

OK, c'est tout. Nous avons atteint le fond du tonneau, pour ainsi dire. Disons-nous au revoir et bonne chance. Ciao, les enfants. À vous aussi, grand-père. Bonne continuation, et gardez votre enthousiasme.

Ah, au fait, au cas où il y en aurait parmi vous qui seraient intéressés d'apprendre ce qui est arrivé à Gracie Perkel, il faut que vous sachiez, hélas, qu'au cours des jours, des semaines et des mois qui suivirent son escapade le jour de son anniversaire, ses malheurs n'ont pas disparu et sa vie familiale ne s'est pas améliorée.

Quand son papa est rentré d'Arizona, lui et la maman de Gracie ont commencé à se disputer avec une méchanceté à s'écorcher la langue, se torturant les méninges et ressassant leur amertume. Ils ont continué à se battre comme ça, plus ou moins régulièrement, jusqu'en décembre. Deux jours avant Noël, ils ont fait venir leur fille dans l'antre, lui ont demandé de s'asseoir et lui ont annoncé qu'ils allaient divorcer.

Aucun enfant n'a envie d'apprendre que ses parents divorcent, mais Gracie le prit assez bien. Elle avait promis, vous vous en souvenez, de faire preuve de bravoure. Elle ne pleura qu'une fois ou deux. Peut-être trois.

Mais les choses n'allèrent pas en s'arrangeant. Charlie Perkel n'était peut-être pas un brillant avocat, mais il était malin. Avant leur mariage, il avait réussi à convaincre Karla de signer un contrat stipulant qu'en cas de divorce, toute propriété acquise en commun lui reviendrait. Ce document n'aurait peut-être pas été jugé valable devant un tribunal, mais Karla Perkel n'avait ni l'argent ni le courage pour l'attaquer en justice. Gracie et elle durent quitter leur maison.

Comme elle avait abandonné la fac en deuxième année pour se marier (sa matière principale était les sciences sociales et elle obtenait de très bons résultats), Karla n'avait ni la formation, ni l'expérience lui permettant de trouver un emploi intéressant. Elle prit un travail à mi-temps dans une boutique qui vendait des doughnuts, et avec son salaire minimal, ses bons d'alimentation et – quand M. Perkel n'oubliait pas de l'envoyer – le chèque de la pension, mère et fille s'installèrent dans un deux pièces miteux d'une rue un peu glauque de White Center, un quartier ouvrier délabré de Seattle, célèbre pour la taille de ses rats, ses odeurs de friture et la fréquence de ses fusillades.

Comme elles ne pouvaient pas s'offrir le câble, Gracie dut ressortir *Le Monde de Nemo* et se passer la vidéo tant de fois qu'elle aurait pu figurer dans le *Guinness Book des Records* (un livre qui, soit dit en passant, doit son existence à… la bière).

Un samedi après-midi, se réveillant d'une petite sieste, Gracie trouva sa mère assise à la table de la cuisine, en train de boire une canette de bière ordinaire. Il y avait deux ou trois canettes vides devant elle.

Gracie fronça les sourcils. Telle une marmotte de la taille d'un petit pois, une seule goutte passa brusquement sa tête chauve hors du trou à larmes gauche et sembla regarder aux alentours un instant, mais la lumière était si faible dans la pièce qu'elle n'aurait même pas pu voir son ombre. D'un battement de cils, Gracie la fit disparaître, mais n'ayant que le canal lacrymal pour cachette, la larme réapparut aussitôt.

Mis à part un verre de vin de temps en temps, Gracie n'avait jamais vu sa mère boire d'alcool.

— Ma-ma-maman, commença-t-elle en bégayant comme si elle était à nouveau dans cette salle de garde glaciale à la brasserie. S'il te plaît, non.

Elle marqua un temps d'arrêt, cherchant les mots justes.

— La bière, c'est bien pour se sentir gai et avoir la tête qui tourne, et parfois aussi pour le Mystère et ces trucs-là, mais la joie qui vient d'une canette de bière n'est pas la même que la vraie joie que l'on fabrique dans son cœur. (Elle s'interrompit à nouveau.) Quand la bière aura fini de faire son effet, tu te sentiras encore plus mal.

Ce fut au tour de Karla de retenir une larme. Écartant sa chaise de la table, elle se leva pour serrer sa fille dans ses bras.

— Je te jure, Grace Olivia Perkel, il y a des moments, tu me ferais presque peur, tu es si… si sage. Mais où as-tu appris à donner des conseils comme ça ?

Elle supposa que c'était l'influence du "vieux philosophe", bien qu'il lui fût difficile d'imaginer que des gens tels que Moe Babbano puissent dire quelque chose de négatif sur la bière. Et si c'était le cas, il ne le ferait pas dans un langage simple comme celui que l'on parle à la télé et que tout le monde peut véritablement comprendre.

— Mais où as-tu appris… ?

— C'est une fée, gazouilla Gracie, laissant échapper les mots et le regrettant immédiatement en se disant qu'elle aimerait bien pouvoir rattraper les syllabes et se les remettre dans la gorge.

Sa mère sourit.

— Une fée, hein ? En tout cas, tu n'as pas perdu ton imagination.

Elle alla à l'évier, hésita un instant, but une dernière gorgée, puis versa le reste de la bière dans le siphon.

— Eh bien, toi et moi, on peut peut-être imaginer qu'on va se partager un pot de Häagen-Dazs à la vanille, pour notre dîner ce soir.

— Chocolat, marshmallow et amandes grillées, murmura Gracie.

En vérité, elles mangèrent des nouilles au beurre, ce soir-là, et il n'y eut pas de dessert.

Finalement, le vieux philosophe eut vent de la situation dans laquelle elles se trouvaient. Tout de suite, il les invita à venir vivre avec le Dr Proust et lui au Costa Rica. Karla déclina l'offre poliment. Très vite une deuxième invitation suivit. Que Karla déclina une nouvelle fois. Ah, mais Gracie la suppliait, elle n'arrêtait pas de supplier; elle supplia si longtemps, si fort, si souvent, si gentiment, si insupportablement qu'elle aurait pu se retrouver dans le *Guinness des Records*, pour ses supplications, cette fois.

En fin de compte, avec l'arrivée d'une troisième invitation accompagnée de billets d'avion, sa pauvre maman céda. Un mardi, au milieu de l'été, elles se retrouvèrent toutes les deux dans un avion volant au sud-sud-est, passant au-dessus du Texas, du Mexique, du Nicaragua, avant d'atteindre le Costa Rica. Elles survolèrent peut-être Menton-le-Boutonneux, mais Gracie ne s'en aperçut pas.

Fatiguées par le voyage mais excitées (enfin, Gracie, au moins, était excitée), elles furent accueillies dans une spacieuse maison de style colonial située entre la jungle et la mer. Entourée de cocotiers, la maison avait une façade de stuc blanc, un toit de tuiles rouges et de lourds volets marron pour l'abriter des ouragans et du soleil tropical. Aux plafonds, il y avait des ventilateurs qui déséquilibraient les moustiques et endormaient tout le monde à l'heure de la sieste.

Dehors, l'air était aussi épais et doux que de la pâte pour gâteau au chocolat, relevé par les plantes épicées, embaumé par les fleurs, agité par les ailes d'oiseaux aux couleurs de néons, de chauves-souris violacées et de papillons gros comme des raquettes de ping-pong. Au début, la petite fille de Seattle trouva la chaleur intolérable. La bruine lui manquait vraiment – ou était-ce cet "Autre" qui lui manquait, ce qui se trouvait entre le brumeux et l'opaque ? (Entre le chop et le suey ?)

Mais il faisait toujours frais et sombre dans la maison. Ce que Gracie aimait surtout, c'était marcher pieds nus sur le carrelage. Elle aurait apprécié de pouvoir se promener aussi nue qu'à sa naissance, mais il y avait trop de paires d'yeux. Sur les murs de toutes les pièces, de petits lézards surveillaient constamment les activités humaines, et en plus, l'Oncle Moe avait acheté un perroquet. C'était un gros oiseau couleur cerise et citronnade qui disposait d'un perchoir dans la cour et qui, de temps en temps, débitait d'une voix rauque de longues phrases en espagnol. En moins d'une semaine, Gracie lui avait appris à dire *hi de ho*. Le perroquet semblait goûter cette expression autant que Gracie, la répétant à une telle fréquence que cela rendait tout le monde dingue.

Cela n'avait pas grand-chose (ou rien du tout) à voir avec le *hi de ho* du perroquet, mais l'arrivée de Gracie et de sa maman fut suivie peu de temps après du départ de Madeline Proust. Sa brûlante histoire d'amour avec Moe Babbano s'était quelque peu refroidie (ça arrive souvent avec les histoires d'amour brûlantes, les enfants), et elle s'aperçut que les pieds torturés de Seattle lui manquaient. Avant de partir, elle offrit généreusement de mettre la maison au nom de Moe. À une condition : il devait se raser la moustache. Elle affirma que c'était pour le bien de la société en général, étant donné qu'en ce qui la concernait elle n'aurait plus à la subir.

La cérémonie du rasage eut lieu dans la cour. S'interrompant régulièrement pour prononcer des phrases en latin que personne ne comprenait, Moe mit une heure à racler l'amas de poils mélancolique, la mésange électrocutée, de sa lèvre supérieure.

— C'est la fin d'une époque, dit-il avec solennité. Des moustaches comme celle-ci, on n'en voit qu'une par génération.

Les autres membres du groupe applaudirent lorsque les bacchantes liquidées, soigneusement étalées dans une coquille de noix de coco, furent enterrées au pied d'un jasmin.

Avec le départ du Dr Proust et l'arrivée de l'automne, le travail scolaire à la maison commença vraiment pour Gracie. Sa mère lui enseignait l'arithmétique de base, ainsi que l'écriture et la lecture en anglais. Son Oncle Moe lui donnait des leçons de vocabulaire espagnol, de philosophie, de poésie, de jazz cool, lui expliquant d'où venaient les noms des étoiles et des planètes et l'instruisant sur bien d'autres sujets qui, pour la petite fille, sinon pour son oncle, contenaient un soupçon de Mystère.

Gracie enseigna quelque chose à son oncle également. Bien que la bière Imperial fût partout disponible – et ce bon vieux Moe en consommait sa part (jamais il n'en offrit une gorgée à Gracie, qui jamais n'en réclama une) –, il décida de brasser lui-même sa bière. Il acheta un sac d'orge maltée et entreprit de le faire cuire et fermenter dans une cabane derrière la maison. Mais si Gracie n'avait pas été là pour lui offrir quelques conseils avisés au cours du processus, il n'aurait peut-être pas réussi. Moe s'émerveilla des connaissances de la petite fille en technique de brassage.

— Comment se fait-il que tu saches tout cela ? demanda-t-il.

Gracie se contenta de hausser les épaules. Bien sûr, elle se dit que l'Oncle Moe, plus que tout autre individu, aurait accepté, compris, et peut-être même apprécié personnellement, mais pour ce qui était de son aventure avec la Fée de la Bière, pas un mot ne sortirait de la bouche de Gracie. (Si jamais vous allez au Costa Rica un de ces jours et que vous y rencontrez une petite blonde aux yeux bleu guitare pleine d'audace, ne l'embêtez pas avec des histoires de fées minuscules, de *pouf!* et de pilsner, elle vous tournera le dos et s'éloignera en courant.)

Pour brasser sa bière, Moe utilisa de l'eau de pluie recueillie dans un tonneau. Cette eau avait coulé sur le toit en papier goudronné de la cabane. Résultat : la bière obtenue était noire comme de l'ébène et une sorte de mousse verte se développait à la surface. Il est difficile de dire si cela aurait été du goût des anguillules du vinaigre, mais Moe déclara qu'elle était délicieuse. Les soirs où il en buvait, invariablement, il voyait des OVNI.

Si vous l'aviez questionnée, Gracie vous aurait répondu que sa vie au Costa Rica était plutôt agréable. Parfois elle était même presque gaie à faire tourner la tête. Pour son septième anniversaire (oui, une année entière s'était écoulée depuis ce Numéro 6 fatidique), elle n'eut toujours pas de téléphone portable rose ; il semblait qu'elle était destinée à ne jamais en avoir de sa vie. Elle n'eut pas de petit chien non plus. Par contre, elle eut un singe.

Elle appela ce singe Häagen-Dazs, mais comme personne, pas même le très instruit Moe

Babbano, ne savait épeler Häagen-Dazs, elle changea bien vite et l'appela Hoquet. Le singe et Gracie devinrent bientôt inséparables. Au moins, la petite fille unique avait un partenaire avec lequel danser.

Dehors, sur la terrasse, Gracie et Hoquet exécutaient joyeusement des boogaloos endiablés, les pas étant inventés pour l'essentiel par Gracie, même si le singe y ajoutait parfois sa contribution. Les enfants du voisinage s'attroupaient pour les regarder. Réservés, la plupart du temps, il leur arrivait d'éclater de rire et d'applaudir timidement. Ils apportaient des grains de café et des bananes en cadeau. Généralement, ils se dispersaient et se cachaient derrière des arbres lorsque l'oncle Moe s'aventurait sur la terrasse pour participer avec ses bongos – ils se cachaient, bien que Moe n'eût plus l'air aussi drôle, maintenant que ses poils avaient rejoint le paradis des moustaches. Le paradis, ou l'enfer.

Malgré les leçons, les bêtises et les moments sur la plage, le temps passait lentement sous les tropiques, s'écoulant en harmonie avec les vieux ventilateurs en bois qui grinçaient au plafond. Et puis un événement d'une importance capitale se produisit; un événement étrange, spectaculaire et totalement inattendu. Karla et Moe tombèrent amoureux.

Techniquement parlant, ce n'est pas tout à fait exact. Karla et Moe ne tombèrent pas amoureux, Karla et Moe découvrirent qu'ils s'aimaient secrètement, qu'ils s'aimaient secrètement depuis des années, qu'ils s'aimaient si secrètement qu'eux-mêmes n'étaient pas au courant de ce secret, qu'ils l'avaient gardé enfoui dans les chambres fortes de velours au plus profond de leur cœur. Et là, une force quelconque avait dû faire sauter les verrous.

(Si quelqu'un vous traite un jour de "dingo" ou de "maboul", vous devriez envisager la possibilité que cette personne en pince pour vous sans le savoir.)

En tout cas, la veille de la fête de Thanksgiving, la maman et l'oncle de Gracie se marièrent dans une petite chapelle au toit de chaume, dans la jungle. Le marié portait son costume blanc, qui, avec le temps, était devenu plutôt jaune. Il lut à haute voix un poème écrit par un Français un peu dingue qui n'était plus de ce monde. La mariée, qui avait emprisonné ses jolis pieds dans des chaussures serrées pendant des années, se tenait, rayonnante, dans de larges sandales de paille. Hoquet, le singe, était présent, vêtu d'une des vieilles robes de Gracie ; le perroquet, dans le fond de la cabane, croassait son incessant *hi de ho* ; et au moment approprié, Gracie couina avec une telle joie qu'elle faillit faire pipi dans sa culotte.

Bon, maintenant vous savez tout. Voilà ce qui s'est passé. Et est-ce qu'ils vécurent heureux le reste de leur vie ? Non, cela n'arrive jamais à personne. Enfin, pas complètement. Mais chaque fois que Karla était prise au dépourvu par des journées difficiles, comme cela nous arrive à tous, de temps en temps, elle mettait un point d'honneur à ne pas leur accorder trop d'importance, et ça, cher lecteur, c'est ce qu'il y a de mieux, après le bonheur éternel.

Le Costa Rica avait élu de justesse un président conservateur, et bien que Moe fût inquiet à l'idée de voir cette petite nation éclairée être menée sur le chemin d'une rapacité implacable et sordide (ce qui semble être l'activité principale des sociétés conservatrices partout dans le monde), il était trop sage pour laisser la politique gâcher sa lune de miel permanente avec Karla et avec la vie.

En ce qui concerne Gracie, les rares fois où sa bonne humeur habituelle donnait des signes de faiblesse, elle se rappelait toujours, à un moment ou à un autre, les paroles d'adieu que la Fée de la Bière lui avait murmurées à l'oreille.

— Nous nous retrouverons, un jour, avait prophétisé la Fée de la Bière. Le monde ordinaire n'est que la mousse à la surface du vrai monde, du monde profond. Un jour, toi et moi, nous nous retrouverons.

Remerciements

QUAND l'Oncle Moe parle de "la danse de singe" de Gracie, "la danse de la vie", il fait référence à une formule de Jack Kerouac. J'aimerais beaucoup servir une bière au fantôme de Jack – bien que de son vivant il ait plutôt eu, semble-t-il, un petit penchant pour le gros rouge.

Sans faire de favoritisme, je suis ici pour faire rouler un tonneau de gratitude en direction du comité de rédaction de la 53e Rue Est, et plus particulièrement de Daniel Halpern, Abigail Holstein et du légendaire David Hershey (et ses connaissances précises sur l'interpénétration des réalités) ; un autre baril de remerciements pour Barb Bersche et ses talentueux collaborateurs de la société McSweeney's ; et puis encore un autre pour Leslie LePere, l'artiste pour qui tout crayon, tout stylo est une baguette de chef d'orchestre, une baguette de magicien, une fusée en forme de bouteille, une Mercury de 1951 personnalisée, au volant de laquelle il se rend en ville tous les samedis soir.

Permettez-moi également de lever une chope conviviale en l'honneur de E. Jean Carroll, Phoebe Larmore, Alexa Robbins, David McCumber, Russ Reising et Lee Frederick, au sein d'une poignée d'amis qui m'ont assuré que je pouvais le faire, quand d'autres individus m'avertissaient que je ne pouvais pas, ou ne devrais pas, ou que je n'oserais jamais.

T.R.

CATALOGUE TOTEM

133 Matthew McBride, *Frank Sinatra dans un mixeur*
132 Boston Teran, *Satan dans le désert*
131 Ross Macdonald, *Le Cas Wycherly*
130 Jim Lynch, *Face au vent*
129 Pete Fromm, *Mon désir le plus ardent*
128 Bruce Holbert, *L'Heure de plomb*
127 Peter Farris, *Le Diable en personne*
126 Joe Flanagan, *Un moindre mal*
125 Julia Glass, *La Nuit des lucioles*
124 Trevanian, *Incident à Twenty-Mile*
123 Thomas Savage, *Le Pouvoir du chien*
122 Lance Weller, *Les Marches de l'Amérique*
121 David Vann, *L'Obscure Clarté de l'air*
120 Emily Fridlund, *Une histoire des loups*
119 Jake Hinkson, *Sans lendemain*
118 James Crumley, *Fausse piste*
117 John Gierach, S*exe, mort et pêche à la mouche*
116 Charles Williams, *Hot Spot*
115 Benjamin Whitmer, *Cry father*
114 Wallace Stegner, *Une journée d'automne*
113 William Boyle, *Tout est brisé*
112 James Fenimore Cooper, *Les Pionniers*
111 S. Craig Zahler, *Une assemblée de chacals*
110 Edward Abbey, *Désert solitaire*
109 Henry Bromell, *Little America*
108 Tom Robbins, *Une bien étrange attraction*
107 Christa Faust, *Money shot*
106 Jean Hegland, *Dans la forêt*
105 Ross Macdonald, *L'Affaire Galton*
104 Chris Offutt, *Kentucky Straight*
103 Ellen Urbani, *Landfall*
102 Edgar Allan Poe, *La Chute de la maison Usher et autres histoires*
101 Pete Fromm, *Le Nom des étoiles*
100 David Vann, *Aquarium*
99 *Nous le peuple*
98 Jon Bassoff, *Corrosion*
97 Phil Klay, *Fin de mission*
96 Ned Crabb, *Meurtres à Willow Pond*
95 Larry Brown, *Sale boulot*

94 Katherine Dunn, *Amour monstre*
93 Jim Lynch, *Les Grandes Marées*
92 Alex Taylor, *Le Verger de marbre*
91 Edward Abbey, *Le Retour du Gang*
90 S. Craig Zahler, *Exécutions à Victory*
89 Bob Shacochis, *La Femme qui avait perdu son âme*
88 David Vann, *Goat Mountain*
87 Charles Williams, *Le Bikini de diamants*
86 Wallace Stegner, *En lieu sûr*
85 Jake Hinkson, *L'Enfer de Church Street*
84 James Fenimore Cooper, *Le Dernier des Mohicans*
83 Larry McMurtry, *La Marche du mort*
82 Aaron Gwyn, *La Quête de Wynne*
81 James McBride, *L'Oiseau du Bon Dieu*
80 Trevanian, *The Main*
79 Henry David Thoreau, *La Désobéissance civile*
78 Henry David Thoreau, *Walden*
77 James M. Cain, *Assurance sur la mort*
76 Tom Robbins, *Nature morte avec pivert*
75 Todd Robinson, *Cassandra*
74 Pete Fromm, *Lucy in the Sky*
73 Glendon Swarthout, *Bénis soient les enfants et les bêtes*
72 Benjamin Whitmer, *Pike*
71 Larry Brown, *Fay*
70 John Gierach, *Traité du zen et de l'art de la pêche à la mouche*
69 Edward Abbey, *Le Gang de la Clef à Molette*
68 David Vann, *Impurs*
67 Bruce Holbert, *Animaux solitaires*
66 Kurt Vonnegut, *Nuit mère*
65 Trevanian, *Shibumi*
64 Chris Offutt, *Le Bon Frère*
63 Tobias Wolff, *Un voleur parmi nous*
62 Wallace Stegner, *La Montagne en sucre*
61 Kim Zupan, *Les Arpenteurs*
60 Samuel W. Gailey, *Deep Winter*
59 Bob Shacochis, *Au bonheur des îles*
58 William March, *Compagnie K*
57 Larry Brown, *Père et Fils*
56 Ross Macdonald, *Les Oiseaux de malheur*
55 Ayana Mathis, *Les Douze Tribus d'Hattie*
54 James McBride, *Miracle à Santa Anna*

53 Dorothy Johnson, *La Colline des potences*
52 James Dickey, *Délivrance*
51 Eve Babitz, *Jours tranquilles, brèves rencontres*
50 Tom Robbins, *Un parfum de jitterbug*
49 Tim O'Brien, *Au lac des bois*
48 William Tapply, *Dark Tiger*
46 Mark Spragg, *Là où les rivières se séparent*
45 Ross Macdonald, *La Côte barbare*
44 David Vann, *Dernier jour sur terre*
43 Tobias Wolff, *Dans le jardin des martyrs nord-américains*
42 Ross Macdonald, *Trouver une victime*
41 Tom Robbins, *Comme la grenouille sur son nénuphar*
40 Howard Fast, *La Dernière Frontière*
39 Kurt Vonnegut, *Le Petit Déjeuner des champions*
38 Kurt Vonnegut, *Dieu vous bénisse, monsieur Rosewater*
37 Larry Brown, *Joe*
36 Craig Johnson, *Enfants de poussière*
35 William G. Tapply, *Casco Bay*
34 Lance Weller, *Wilderness*
33 Trevanian, *L'Expert*
32 Bruce Machart, *Le Sillage de l'oubli*
31 Ross Macdonald, *Le Sourire d'ivoire*
30 David Morrell, *Premier sang*
29 Ross Macdonald, *À chacun sa mort*
28 Rick Bass, *Le Livre de Yaak*
27 Dorothy M. Johnson, *Contrée indienne*
26 Craig Johnson, *L'Indien blanc*
25 David Vann, *Désolations*
24 Tom Robbins, *B comme Bière*
23 Glendon Swarthout, *Le Tireur*
22 Mark Spragg, *Une vie inachevée*
21 Ron Carlson, *Le Signal*
20 William G. Tapply, *Dérive sanglante*
19 Ross Macdonald, *Noyade en eau douce*
18 Ross Macdonald, *Cible mouvante*
17 Doug Peacock, *Mes années grizzly*
15 Tom Robbins, *Féroces infirmes retour des pays chauds*
14 Larry McMurtry, *Texasville*
13 Larry McMurtry, *La Dernière Séance*
12 David Vann, *Sukkwan Island*
11 Tim O'Brien, *Les Choses qu'ils emportaient*

10 Howard McCord, *L'Homme qui marchait sur la Lune*
8 Larry McMurtry, *Lonesome Dove, épisode II*
7 Larry McMurtry, *Lonesome Dove, épisode I*
6 Rick Bass, *Les Derniers Grizzlys*
5 Jim Tenuto, *La Rivière de sang*
4 Tom Robbins, *Même les cow-girls ont du vague à l'âme*
3 Trevanian, *La Sanction*
2 Pete Fromm, *Indian Creek*
1 Larry Watson, *Montana 1948*

CET OUVRAGE A ÉTÉ COMPOSÉ PAR
ATLANT'COMMUNICATION
AU BERNARD (VENDÉE)

ACHEVÉ D'IMPRIMER EN MARS 2019 PAR
CPI FIRMIN-DIDOT
À MESNIL-SUR-L'ESTRÉE

IMPRIMÉ EN FRANCE

DÉPÔT LÉGAL: OCTOBRE 2017
N° D'IMPRESSION: 152325